Andreas
Bernard

Der Trost der Flipper

Klett-Cotta

MIX
Papier | Fördert gute Waldnutzung
FSC® C083411

Klett-Cotta
www.klett-cotta.de

Cover: ANZINGER UND RASP Kommunikation GmbH, München
unter Verwendung einer Abbildung von © James Hamilton/
Pinball! by Roger C. Sharpe
Gesetzt von C.H.Beck.Media.Solutions, Nördlingen
Gedruckt und gebunden von CPI – Clausen & Bosse, Leck
ISBN 978-3-608-98768-3
E-Book ISBN 978-3-608-12293-0

1. Same Player Shoots Again

Seitdem die Flipper verschwunden sind, haben sich die Städte gewandelt. Sie sind gläserner geworden, durchsichtiger. Im Zentrum und an den Ausfallstraßen reihen sich Läden mit breiten Fensterfronten aneinander, Dönerbuden, Nagelstudios, Coffeeshops, Shishabars, Asia-Bistros, Start-up-Büros – lauter Orte, die man zur Blütezeit der Flipper noch nicht kannte. In den Straßen meiner Kindheit, in der Abfolge von Mietshäusern, Geschäften und Lokalen, fand sich, wenn die Erinnerung nicht trügt, kaum eine transparente Stelle. Die vielen Stehausschänke des Viertels, die Konditoreien und die Gaststätten mit jugoslawischer oder »gutbürgerlicher« Küche (»deutsch« hieß das Essen seltsamerweise nie) hatten Türen aus Holz und waren mit gelblichen Gardinen verhüllt, und an den Fenstern der Supermärkte, Getränkehändler und Schreibwarenläden hingen großformatige Werbeplakate mit Sonderangeboten. Höchstens die Metzgereien gewährten vollen Einblick ins Innere des Geschäfts.

In den Cafés und Imbissbuden von heute würde man einen Flipper von außen sofort erkennen. Manchmal fällt mir im Vorbeigehen eine Stelle hinter den großen

Fenstern auf, die wie geschaffen wäre für einen Apparat – typische Flipperstandorte von früher, bei den Toilettentüren oder in der Ecke am Ende der Bar. Einmal, beim Blick in ein türkisches Lokal, schien der freie Raum zwischen Theke, Wand und Fenster so passgenau ausgespart zu sein – eine Lücke in Form eines Flippers –, dass mir die Silhouette des blinkenden Kastens einen Moment lang wie ein Trugbild vor Augen stand.

Als es noch Flipper gab, zeigten sich die wenigsten von ihnen auf den ersten Blick. Sie mussten im Innern der Kneipen und Gaststätten erst entdeckt werden, oft an entlegenen Stellen: in einem schmalen Durchgang nach hinten, wo sich die Toiletten und der Zigarettenautomat befanden, in einem Nebenzimmer mit Billardtisch, zu dem ein paar Stufen hinaufführten, oder sogar im Keller, im Vorraum der Kegelbahn. Diese Anordnung hatte den Vorteil, dass ich in einem Alter, in dem es mir noch lange nicht erlaubt gewesen wäre, alleine ein Lokal oder einen der schmalen Stehausschänke zu besuchen, halbe Nachmittage flippern konnte. Ich fragte vorne an der Theke, ob ich kurz die Toilette benutzen dürfte, ging voller Aufregung nach hinten zu den Maschinen und spielte unbemerkt. (Je öfter ich an einem Gerät stand, je vertrauter es mir wurde, desto länger hielt auch mein Budget von zwei oder drei Mark.) Die Wirtin hatte mich längst vergessen; nur manchmal kam einer der Trinker vorbei, um eine Schachtel Zigaretten aus dem Automaten zu ziehen, und warf mir im Weggehen einen komplizenhaften Blick zu.

Inmitten dieser zwielichtigen, fast versteckten Flipperorte gab es eine Ausnahme, einen Schauplatz, an dem sich die Maschinen offen präsentierten – die hell erleuchteten Spielhallen, die sich vor allem rund um den Bahnhof verteilten. Ihre großflächigen, mit Neonschriftzügen verzierten Fenster waren schon von Weitem zu erkennen, und es ist eine schroffe Umkehr im Erscheinungsbild der Städte, dass die verbliebenen »Spielotheken« von heute gerade die blinden Flecken der immer lichter gewordenen Ladenzeilen bilden; hermetische Orte mit schwarzbeklebten Fenstern, deren Fassaden, einem Gesetz von 2012 zufolge, »so zu gestalten sind, dass ein Einblick ins Innere der Räumlichkeiten von außen nicht möglich ist«. In der Zeit der Flipper waren die Spielhallen verheißungsvolle, durchlässige Orte, deren Geräusche – ein vielfach verstärktes Rattern und Sirren Dutzender Maschinen – sich den Passanten durch die offenen Glasschiebetüren schon in der Ferne ankündigten, wie bei einem in der Nähe aufgebauten Rummelplatz. Wer heute die Scheu vor den schwarzen Fenstern überwindet und die Tür zu einer »Spielothek« öffnet, betritt dagegen einen abgedichteten, beinahe sterilen Raum. Die Geldspielautomaten stehen auf gepflegtem Teppichboden (Flipper und andere Geräte *for amusement only* gibt es nicht mehr), und davor sitzen ein paar Spieler auf Barhockern mit Lehnen und drücken stoisch ihre Tasten. Ein Ghetto für die letzten, sorgsam von der Welt getrennten Suchtopfer, den Raucherbereichen in Flughäfen und Bahnhöfen vergleichbar.

Meine Orientierung in der Heimatstadt, vor allem in den südlichen Vierteln, ist noch immer von den ehemaligen Flipperorten geprägt; die Lokale und ihre Apparate – rund um den Schlachthof und die Großmarkthalle, am Fluss entlang Richtung Tierpark – setzen sich zu einem verlässlichen Stadtplan zusammen. Ich bewege mich zwar, wie der blaue Punkt auf der Karte des iPhones bezeugt, vom Rondell an der Großmarkthalle die Thalkirchner Straße entlang Richtung Süden und gehe links in die Brudermühlstraße, bevor ich kurz vor dem Mittleren Ring in die schmale Bruderhofstraße abbiege, die nach einer Weile in die Schäftlarnstraße parallel zur Isar mündet. Aber in meiner inneren Topografie besteht diese Strecke auch vierzig Jahre später aus Etappen von Flipper zu Flipper. Vom Pharaoh, in einer Gaststätte am Rondell, deren Namen ich vergessen habe, führt der Weg zum Medusa, den wir in einem dubiosen Trinkerlokal namens »Dudlhofer« spielten, zum Time Warp mit den bananenförmigen Schlägern im Wirtshaus »Herzog Siegfried« (oder hieß es »Herzog Anton«?), weiter zum Gorgar im Gasthof »Wasserturm« und zum Panthera, der in der Westernkneipe »Oklahoma« ganz hinten auf einer Empore stand. Keines dieser Lokale existiert heute noch. Im »Herzog Siegfried« zog irgendwann ein griechisches Restaurant ein, danach (unabwendbares Schicksal fast aller Griechen Ende der neunziger Jahre) eine Tapas-Bar. Das Wirtshaus am Rondell, der »Wasserturm« und das »Oklahoma« sind nicht einmal mehr als gastronomische Betriebe zu erkennen. Sie sind irgendwann umgebaut worden, zu Erdgeschosswohnungen oder Büroräumen, und nur die Fugen an den zugemauerten und durch schmalere Türen ersetzten Eingangsfronten verraten, dass es hier einmal ein Lokal gegeben hat.

Aufbewahrt ist die verblasste Welt der Flipper in alten Spielfilmen und Fernsehserien. Gerade in der Zeit ihrer größten Popularität (den fünf, sechs goldenen Jahren vor der ersten Krise ab 1982, die mit meiner Entdeckung der Maschinen durch eine glückliche Fügung zusammenfallen) tauchen sie in Kneipen- und Gasthausszenen regelmäßig auf, einbezogen in die Handlung oder, häufiger, als bloße Kulissen, die von der Kamera nicht weiter beachtet werden. Abseits des Geschehens gerät kurz ein Flipper ins Bild, ohne Funktion, vielleicht sogar unabsichtlich – beiläufiges Kolorit der Gegenwart, wie eine Eis-am-Stiel-Tafel, ein Werbeplakat oder eine Plastiktüte mit dem Logo eines Kaufhauses.

In Filmen und Serien aus der Zeit um 1980 kann dieser schöne Moment jederzeit eintreten: das Pariser Einkaufszentrum in *La Boum*, in dem Vic und ihre Schulfreunde herumhängen und in dem man im Hintergrund einen Supersonic sieht; Helmut Dietls *Monaco Franze*, der spätabends in einem Spielsalon auf den Dienstschluss seiner jungen Freundin wartet und an einer Reihe von Flippern vorbeigeht; die Jugendfußballer aus *Manni, der Libero*, die sich nach dem Training im Vereinslokal um den Strikes and Spares scharen.

Aus Sehnsucht nach den Geräten, auf denen ich zu spielen gelernt hatte – den ersten elektronischen Flippern der Firmen Bally und Williams, mit roten Computerziffern anstelle der bis dahin obligatorischen mechanischen Punkteanzeige –, habe ich eine Zeit lang systematisch nach Filmausschnitten gesucht. Unbeachtet ließ ich dabei die wachsende Zahl der YouTube-Videos, in denen aufwendig restaurierte, in Hobbykellern oder Garagen stehende Maschinen vorgeführt werden. Diese zum Sammlerobjekt erstarrten Apparate, mit Schlüssel am Münzfach und ewigem Freispiel-Reservoir, waren für mich nicht von Interesse. Infrage kamen nur Filmszenen, die die Flipper noch in ihrer angestammten Umgebung zeigten, als öffentliche Geräte, an denen jeder nach dem Einwurf eines Geldstücks sein Geschick erproben konnte.

Als ergiebigste Quelle erschienen mir dabei die Krimiserien, denn die Kommissare und Inspektoren landen bei ihren Ermittlungen immer wieder an Schauplätzen, an denen Spielautomaten stehen könnten. Ich habe etliche *Derrick-*, *Kottan ermittelt-* und *Tatort*-Folgen aus den späten siebziger und frühen achtziger Jahren nach Flippern durchforstet. Vor allem von den *Derrick*-Fällen versprach ich mir viel, weil sie in München spielen und ich darauf hoffte, dass in einer Folge, die den Inspektor ins Bahnhofs- oder Schlachthofviertel führt, vielleicht ein Lokal zu sehen sein würde, in dem ich als Kind selbst einen Apparat entdeckt habe. Aber die Ausbeute war enttäuschend. Die Verbrechen in den *Derrick*-Krimis ereignen sich, wie ich es ohnehin in Erinnerung hatte, häufig in den Villenvierteln Grünwalds oder rund um den Starnberger See; und auch wenn sie in der Innenstadt geschehen, sind eher großbürgerliche Gegenden wie Nymphenburg oder Bogenhausen betroffen. Es kommt ganz selten vor, dass Derrick und sein Assistent Harry Klein in Kneipen, Bars oder Spielhallen gerufen werden. In den zwischen 1978 und 1984 gesendeten Folgen bin ich überhaupt nur auf zwei Szenen gestoßen, in denen ein Flipper auftaucht: In »Ute und Manuela« spielt der junge Verdächtige, mit Lederjacke und strähnigem Haar, in einer Bowlingbahn an einem elektromechanischen Gerät; in »Das Mädchen in Jeans« steht zu Beginn eine Bardame am Pinball Champ '82 und wird plötzlich von einem Gast mit dem Messer bedroht.

Bei *Derrick* und den arrivierten, von Gustl Bayrhammer oder Hansjörg Felmy verkörperten *Tatort*-Kommissaren sind die Apparate kaum zu sehen, und wenn einmal jemand flippert, sind es immer die Delinquenten. Im Jahr 1981 jedoch nimmt ein *Tatort*-Ermittler aus Duisburg die Arbeit auf, der schon bei seinem ersten Fall selbst vor der Maschine steht. Horst Schimanski spielt mit seinem Kollegen Thanner in einer Imbissbude am Star Trek von Bally, und die in einem *Tatort* bis dahin undenkbare Hemdsärmeligkeit des Kommissars, der observierten Halbwelt immer näher als dem Polizeimilieu, zeigt sich auch an seiner Liebe zu den Automaten. In den 29 Schimanski-Folgen, die zwischen 1981 und 1991 ausgestrahlt wurden, tauchen regelmäßig Flipper auf, vor allem in den frühen Filmen. Im ersten, »Duisburg-Ruhrort«, sind es neben dem Star Trek der Flash (in einer Rockerkneipe) und der Harlem Globetrotters (in einem türkischen Lokal); im zweiten, »Grenzgänger«, der Hot Tip; im vierten, »Das Mädchen auf der Treppe«, der Firepower, der in einer der ersten deutschen Burger-King-Filialen steht (»Kennen Sie den Typen am Flipper? Ich glaub', der folgt uns schon die ganze Zeit«, sagt Thanner zu der jungen Frau, die den Mörder ihrer Mutter sucht). In der fünften Folge, »Kuscheltiere«, ist zweimal der Black Knight zu sehen; in der achten, »Zweierlei Blut«, spielt Schimanski am Pinball Champ '82, bei verdeckten Ermittlungen in einer Fußballkneipe nach dem Mord an einem Fan des MSV Duisburg. Einer der Stammgäste nennt ihn einmal respektvoll »Flipperking«.

Die Frequenz der Flipperszenen ist in den *Tatort*-Filmen mit Kommissar Schimanski so hoch, dass der Einsatz der Maschinen fast programmatisch wirkt. Und tatsächlich gibt es in der Biografie von Hajo Gies, dem Regisseur der ersten Folgen und Erfinder der Figur, ein Indiz, das diesen Verdacht bestärkt. Gies gehörte ab 1967 dem ersten Jahrgang der neu gegründeten Filmhochschule in München an, neben Wim Wenders und Werner Schroeter. Die Bedeutung des Flipperns für die jungen Münchner Regisseure dieser Zeit ist vielfach dokumentiert, sowohl in Interviews und Lebenserinnerungen über die abendlichen Wettkämpfe in der Schwabinger Kneipe »Kleiner Bungalow«, in der drei Maschinen standen, als auch in ihren frühen Werken, wie Klaus Lemkes *Strategen* von 1966, dem Kurzfilm *Same Player Shoots Again* von Wim Wenders 1967, in dem Hanns Zischler fünfmal dieselbe Szene durchlebt (damals waren die Geräte noch auf fünf Kugeln eingestellt), oder *Liebe ist kälter als der Tod* von Fassbinder 1970. Die Flipperleidenschaft der deutschen Regisseure war ihrerseits von den Filmen der Nouvelle Vague inspiriert, in denen die Geräte häufig eine Rolle spielen. Truffaut hatte 1962 auf die Frage nach der Gemeinsamkeit zwischen den jungen Pariser Filmemachern sogar gesagt, sie bestehe einzig in der von allen geteilten Lust aufs Flippern.* Hajo Gies' Schimanski-Krimis geben also über die Automaten ihre Einflüsse und Vorbilder zu erkennen, knüpfen den *Tatort* an das junge Münchner Kino und die Nouvelle Vague.

»Ich musste noch etwas Zeit totschlagen«, sagt Schimanski einmal, als er von Thanner zufällig beim Flippern in einer Imbissbude entdeckt wird. Und genau diese Funktion der Überbrückung ist den Apparaten meistens zugekommen. Natürlich habe ich mich abends unzählige Male zum Flippern in einer Kneipe oder einem Billardsalon verabredet. Aber die typischen, am stärksten in Erinnerung gebliebenen Flippermomente sind die, in denen das Aufsuchen der Maschinen in

---

* Diese Interview-Stelle hat der Filmwissenschaftler Dennis Göttel in einem seiner Essays zur Kulturgeschichte des Flippers aufgestöbert. Den Funden und Ideen Göttels ist dieses Buch zu Dank verpflichtet.

einen Zwischenraum fiel, in eine Zeitspanne von ein, zwei Stunden (oder auch eines halben Tages), die unausgefüllt vor mir lag und deren bedrohliches Gewicht zerstreut werden musste. Der Nachmittag zwischen Gitarrenunterricht und Fußballtraining, den ich oft in einer weitläufigen Brauerei-Gaststätte neben der Wohnung des Lehrers verbrachte, weil dort im Keller ein Centaur stand. Ein paar verregnete Urlaubstage, die nur dadurch erträglich wurden, dass ich am Stadtrand des italienischen Ferienortes irgendwann eine *Sala Giochi* mit einer Reihe von Flippern entdeckte. Die Stunden in einer fremden Stadt, wenn der Freund, bei dem ich zu Besuch war, noch ein spätes Seminar hatte, und ich die Haupt- und Ausfallstraßen nach einer Spielhalle absuchte.

In solchen Situationen, in einer matten, zunehmend bedrückten Stimmung, waren die Flipper das Heilmittel, das mir über die prekäre Schwelle des Tages hinweghelfen konnte. Ob es diese Form von Langeweile und die zugehörigen Linderungsmittel heute noch gibt? Jemand müsste eine Geschichte des Zeittotschlagens schreiben, in der sich vermutlich erweisen würde, dass sich die Frequenz dieser Kunst in den vergangenen Jahrzehnten stark erhöht hat. Die Smartphones erlauben es, jedes noch so kurze Intervall der Leere sofort zu füllen; das Warten auf den Bus, das Anstehen an der Supermarktkasse, sogar die Rotphase einer Ampel kann mit ein paar Wischbewegungen auf dem Display überbrückt werden. Totzuschlagende Zeit wird längst in Minuten und Sekunden berechnet. Für diese Mikrodosen stand vor dreißig, vierzig Jahren außer der Zigarette kein effizientes Werkzeug zur Verfügung (und sie wurden vielleicht auch nicht für derart betäubungswürdig erachtet). Mein Feind war dagegen der zähe Nachmittag im Ganzen, die Zeit nach Schulschluss und Mittagessen, wenn keine Verabredung zum Fußball zustande kam oder das Wetter sie durchkreuzte. In der Tristesse der endlosen Stunden leuchtete dann auf einmal das Vorstellungsbild eines bunten Kastens auf, der unbesetzt in der Ecke stand und nur auf mich zu warten schien, und ich machte mich auf den Weg, um ihn aufzuspüren.

Die Zeit der Flipper ist nun seit über zwanzig Jahren zu Ende. Mitte 1999 brachte die Firma WMS Industries das letzte Williams-Gerät auf den Markt; die beiden anderen großen Hersteller, Gottlieb und Bally, hatten bereits in den Jahren davor aufgegeben. Vergeblich bemühte sich WMS am Ende noch, mit Revenge from Mars und Star Wars Episode I – unter dem Motto *Pinball 2000* entwickelte Mischformen aus Flipper und Computerspiel – für eine letzte Renaissance zu sorgen. Doch die Flipperabteilung des Konzerns erlebte das heraufbeschworene 21. Jahrhundert nicht mehr und gab am 25. Oktober 1999 ihre Auflösung bekannt. Aufrechterhalten wird die Branche seither nur noch von der Firma Stern, dem ewigen Vierten der Flipperhersteller, und einigen neu gegründeten Kleinunternehmen, die ihre Maschinen für den Privatgebrauch eines Kreises von Sammlern und Turnierspielern produzieren. In der

Öffentlichkeit, in ihrem natürlichen Milieu der Kneipen und Spielhallen, der Bars und Imbissbuden sucht man die Geräte heute vergeblich. Das Gedächtnis derer jedoch, die über Jahrzehnte hinweg mit dem Spiel verbunden waren, hält die Flipper präsent. Es gibt Lebensgeschichten, durchzogen von Rissen und Irrwegen, in denen die Automaten die größte Konstante bilden. Eine Biografie als Abfolge von Flipperereignissen. *Same Player Shoots Again.*

2. Monaco

Den Namen des Flippers, auf dem ich meine ersten Spiele gemacht habe, weiß ich nicht mehr. Das Gerät stand in einem Jugendzentrum, das alle nur das »Pullacher« nannten, obwohl der Stadtteil gleichen Namens ein paar Kilometer weiter südlich lag. Untergebracht auf dem Gelände eines Fußballvereins, im ersten Stock des Kabinentrakts, wurde das Zentrum zum Großteil von den Spielern der Jugendmannschaften genutzt, die sich vor allem in den Wintermonaten noch am Billard- oder Kickertisch trafen, bevor das Training begann. Ich selbst spielte bei einem anderen Verein, und ich wäre nur selten ins Pullacher gegangen, wenn dort nicht, in einer Ecke des Billardraums, ein Flipper gestanden hätte. Es war noch ein ganz einfacher Apparat, mit schwarzweißer Punkteanzeige und überschaubarem Spielfeld. Vielleicht hing seine Anziehungskraft auf mich damit zusammen, dass sich vor allem die älteren Besucher vor der Maschine versammelten, Rocker in Jeanswesten und Cowboystiefeln, mit Motorrädern vor der Tür. Sich der Ecke mit dem Flipper zu nähern, kam daher einer Mutprobe gleich.

Im Pullacher gab es ein festes Spielsystem, das nur am frühen Nachmittag, wenn noch nicht genügend Leute zusammenstanden, außer Kraft gesetzt war. Es besagte, dass jeder Neuankömmling erst einmal »fordern« und auf der Fensterbank neben dem Gerät auf seinen Einsatz warten musste. Von den vier Spielern, die gerade eine Partie bestritten, schied dann immer der mit der niedrigsten Punktzahl aus und machte Platz für den nächsten. Auch einmal zu »fordern« und auf der Bank zu warten, schien mir wie ein verlässlicher Beweis der Zugehörigkeit in diesem Jugendzentrum zu sein. Bei meinem zweiten oder dritten Besuch traute ich mich schließlich und kam irgendwann an die Reihe, auch wenn mich die anderen wegen meines Alters ein wenig spöttisch ansahen. Dieses Spiel, mein allerserstes auf einem Flipper, beendete ich dann mit großem Abstand als Letzter. Ich wusste nicht, wie ich die Schläger zu bewegen hatte. Ohne jede Koordination drückte ich die Knöpfe an der Seite, meistens beide gleichzeitig, und die Flipper schlugen hilflos umher wie die Arme eines Nichtschwimmers. Die silberne Kugel ging bei meinen drei Versuchen immer schon nach wenigen Momenten ins Aus, entweder durch die klaffende Lücke zwischen den Schlägern, die mir endlos groß vorkam, oder durch eine der beiden Seitenbahnen am Rand. Es war mir ein Rätsel, wie es den anderen gelang, den Ball dauerhaft im Spiel zu halten. Besonders faszinierte mich ein Langhaariger mit blondem Bart, dessen Jeansweste über und über mit Aufnähern von Hardrock-Bands bedeckt war (zwischen den Schultern ein riesiges AC/DC-Logo). Er hatte vollkommene Kontrolle über die Maschine, gab ihr von Zeit zu Zeit einen gezielten Stoß mit der Handinnenfläche, und der unberechenbare, von den Schlagtürmen in der oberen und den mit Sprungfedern präparierten Banden in der unteren Hälfte des Flippers manipulierte Lauf der Kugel wurde von ihm in aller Ruhe gebändigt. Er schied auch so gut wie nie aus an diesen Nachmittagen und stand über Stunden hinweg vor dem Gerät.

Als ich ein paar Tage nach meinem ersten Spiel wieder in das Jugendzentrum kam, am frühen Nachmittag, waren die Räume noch fast leer. Vor dem Flipper stand nur eine einzige Person. Es war der langhaarige Blonde, der von allen »Schaschlik« genannt wurde – ein Spitzname, der in mir leichtes Unbehagen auslöste. Zu meinem Erstaunen erinnerte er sich noch an den Anfänger. Er lud mich sogar ein, mit ihm zu spielen; er könne mir, sagte er, »ein paar Sachen zeigen«. An diesem Nachmittag erhielt ich meine Grundausbildung im Flippern. Ich lernte die elementaren Züge einer Spieltechnik, die sich dann über all die Jahre hinweg nicht mehr verändert, sondern nur noch verfeinert hat. Schaschlik überließ mir die erste Kugel und korrigierte sofort meinen gröbsten Fehler: dass ich stets beide Schläger gleichzeitig betätigte. »Immer nur einen Knopf drücken«, sagte er, das sei das Wichtigste, und als ich nach zwei, drei Spielen meine Bewegungen besser zu koordinieren verstand, bekam ich weitere Ratschläge: wie ich etwa die Kugel am besten stoppen sollte, um in Ruhe das nächste Ziel anzuvisieren; wie sich verhindern ließ, dass ein Ball, der von einer Seite des Spielfeldes schräg nach unten fiel, durch die Lücke zwischen den Schlägern ins Aus ging (indem man den vorderen Flipper zur Deckung benutzte und, wie es im Torwartspiel beim Fußball heißt, »den Winkel verkürzte«); oder zu welchem Zeitpunkt es ratsam war, durch ein kurzes Stoßen vorne am Kasten das Hinausgehen der Kugel an den seitlichen Bahnen zu unterbinden. Diese Stöße durften aber nicht zu stark sein, weil die Maschine sonst den *Tilt*-Mechanismus auslöste und die beiden Schläger augenblicklich ihren Dienst versagten.

Als irgendwann ein paar weitere Besucher in den Billardraum kamen und der gewohnte Spielmodus einsetzte, konnte ich mein neues Wissen anwenden. Und tatsächlich: Ich flipperte viel sicherer als beim ersten Mal, traute mir einige Stoppversuche zu und beförderte die Kugel sogar hin und wieder durch ein kleines Drehtor die linke Bahn hinauf, was auf diesem Gerät besonders viele Punkte einbrachte. (Das surrende Geräusch des Tores – in der Flippersprache »Spinner« genannt –, das sich etliche Male überschlug, wenn die Kugel hindurchlief, ist auch das einzige Detail, das ich von dem Spielfeld des Apparats in Erinnerung behalten habe.) Am Ende geschah dann das Überraschende: Ich hatte die dritthöchste Punktzahl erreicht und musste nicht ausscheiden. Mein Flipperlehrer nickte mir anerkennend zu, und die nächste Partie, den neuen Herausforderer erwartete ich fast schon mit der Gelassenheit des

Etablierten. Natürlich wurde ich bei diesem Spiel sofort wieder Letzter, doch ins Pullacher ging ich von diesem Wintertag an mehrmals in der Woche.

Welchen Namen hatte das Modell, auf dem ich damals zu spielen lernte? Lange Zeit habe ich versucht, das Gerät in Flipperenzyklopädien und -datenbanken aufzuspüren. Der Apparat im Jugendzentrum war noch ein Exemplar mit mechanischer Punkteanzeige und muss daher vor 1979 auf den Markt gekommen sein, dem Jahr, von dem an nur noch elektronische Maschinen hergestellt wurden. An dem Flipper konnten außerdem bis zu vier Personen spielen, was zu der Zeit nicht bei jedem Modell der Fall war. Abgesehen von diesen groben Charakterisierungen hatte ich allerdings kaum eine konkrete Spur. Oben links gab es jene Bahn mit dem »Spinner«, die in der zweiten Hälfte der siebziger Jahre aber ein Standardelement auf den Spielfeldern war und bei Dutzenden Geräten vorkam. Im Gedächtnis geblieben ist mir auch, dass die Motivscheibe von hellen Farben dominiert wurde, von Gelb, Orange und Türkis; es muss sich also eher um ein Freiluft-Thema gehandelt haben, auf keinen Fall um ein Weltraum- oder Science-Fiction-Motiv. Ging es vielleicht um Rennsport? Oder um den Wilden Westen?

Eine Zeit lang vermutete ich, dass mein erster Flipper der Grand Prix von Williams gewesen sein könnte, ein 1976 produziertes Gerät, das allen Kriterien entsprach. Dann aber entdeckte ich im dreibändigen *Pinball Com-*

pendium, einem voluminösen Lexikon, das alle jemals gebauten Bally-, Williams-, Gottlieb- und Stern-Geräte aufführt, einen Hinweis. In der angehängten Rubrik »Weitere Hersteller« war von zwei Apparaten der spanischen Firma Segasa mit identischen Motivscheiben und Spielfeldern die Rede. (In Spanien entstand in den frühen siebziger Jahren eine florierende Flipperindustrie, weil die Franco-Diktatur den Import amerikanischer Geräte verboten hatte.) Der eine Flipper, namens Cannes, stammte von 1976, der andere, Monaco, von 1977.

Diese Modelle, deren Scheiben eine Wasserskifahrerin vor der Côte d'Azur zeigen, entsprachen genau meinen vagen Erinnerungen an das Gerät im Pullacher. Und beim Anblick der Fotos stand der Billardraum des Jugendzentrums plötzlich einen Moment lang in aller Deutlichkeit vor mir! Ich sah den leuchtenden Flipper in der linken hinteren Ecke, das große Fenster daneben und die Motorräder unten in der schneebedeckten Einfahrt; ich hörte die typischen Glockentöne beim Treffen der Schlagtürme und das Rattern der schwarz-weißen Zahlenleisten, wenn man ein neues Spiel startete, und die Punkte auf null zurückgesetzt wurden. (Ob wir jede Partie selbst bezahlen mussten – vielleicht der Spieler, der gefordert hatte? –, oder ob die Betreuer von Zeit zu Zeit mit einem Schlüssel Freispiele auf das Gerät luden, weiß ich nicht mehr.) Mein erster Flipper muss also der Cannes gewesen sein oder, noch wahrscheinlicher, der ein Jahr jüngere Monaco, was mir auch deshalb passend vorkommt, weil der Flipper trotz des Hinweises im *Pinball Compendium*, dass die Segasa-Geräte praktisch nur in spanischen Spielhallen und Bars standen, Ende der siebziger Jahre in einem Münchner Jugendzentrum gelandet war – jener Stadt, die im romanischen Sprachraum genauso heißt wie das Fürstentum an der Côte d'Azur.

Die Motivscheibe des Monaco, mit der Segeljacht im Vordergrund und den mondänen Hochhäusern an der Küste dahinter, brachte plötzlich auch ein Ereignis aus dem Pullacher ins Gedächtnis zurück, das den Zeitraum meiner ersten Spiele, den ich nicht mehr genau einzugrenzen weiß, datierbar macht. Als ich nämlich schon regelmäßiger Gast in dem Jugendzentrum war und zu den geübteren Flipperspielern zählte, kam es eines Nachmittags zu einem aufwühlenden Zwischenfall. Wir waren gerade mitten in einer Partie, Schaschlik, ich und zwei weitere Spieler, als aus dem kleinen Vorraum, in dem immer das Kofferradio des Heimleiters lief, ein verzweifelter Aufschrei ertönte. »Scheiße! Bon Scott ist tot!«, rief einer, der gerade die Nachrichten hörte. Sofort stürmten alle Besucher aus dem Billardzimmer. Mein Flipperlehrer ließ sogar – niemals hätte ich gedacht, dass das geschehen könnte – eine besonders gute Kugel freiwillig ins Aus laufen, um als einer der Ersten vor dem Radio zu sein. Der Sänger von AC/DC starb am 19. Februar 1980. Die Nachrichten waren schon wieder vorbei, als ich im Vorraum ankam, aber die anderen Besucher wiederholten fassungslos ein paar Satzfetzen der gerade verlesenen Meldung: »nach einem Gelage in London«, »konnte nur noch der Tod festgestellt werden«, »vermutlich an seinem Erbrochenen erstickt«. Vor allem die Älteren waren erschüttert. Manche saßen noch lange auf den würfelförmigen Hockern im Eingangsbereich und starrten auf die Spitzen ihrer Cowboystiefel. Der Flipper blieb, was bei Hochbetrieb unvorstellbar war, minutenlang unbesetzt. Irgendwann ging Schaschlik zurück in den Billardraum, blass, beinahe apathisch. Ich sehe seine Jeansweste noch vor mir, mit dem großen Aufnäher zwischen den Schultern.

3. Harlem Globetrotters

Einen neuen Flipper zu entdecken, war in der ersten Zeit eine Frage des Zufalls. Außerhalb des Jugendzentrums gab es kaum Gelegenheit zu spielen, höchstens im Sommerurlaub mit meinen Eltern oder nach einem Auswärtsspiel der Fußballmannschaft, wenn ich in der Vereinsgaststätte auf ein unbekanntes Gerät stieß. Dass irgendwann die bewusste Suche nach Flippern begann, hatte mit Stefan aus dem Nachbarhaus zu tun, der zu Beginn der Gymnasiumszeit jeden Freitag bei uns verbrachte, weil seine Mutter an diesem Tag bis zum Abend arbeiten musste. Anfangs gingen wir zusammen ins Pullacher, doch eines Tages war der Flipper plötzlich verschwunden, »auf unbestimmte Zeit in Reparatur«, wie eine Betreuerin mit gleichgültiger Stimme sagte. Nur noch die dunklen Ränder an der Eckwand erinnerten an seine Existenz.

Kurz nach dieser fatalen Entdeckung, vielleicht sogar noch am selben Nachmittag, erzählte uns ein Spieler aus dem benachbarten Fußballverein von der Gaststätte »Wasserturm« ganz in der Nähe, in der es offenbar auch einen Flipper gab, einen ganz neuen sogar, mit elektronischer Punkteanzeige. Wir mussten, sagte der Freund, nur unbemerkt in den fast immer verwaisten, für Großveranstaltungen reservierten Nebenraum gelangen, zu dem ein Seiteneingang direkt von der Straße führte. Dort stand der Flipper, und wenn man Glück hatte, konnte man so lange spielen, wie das Geld reichte, ohne von einer der Bedienungen erwischt zu werden. Stefan und ich machten uns sofort auf den Weg. Es war die erste Etappe einer Forschungsreise, die in den Monaten darauf zu unserer einzigen Freitagsbeschäftigung werden sollte. Der Fußballer aus dem Freizeitheim hatte tatsächlich die Wahrheit erzählt. Im »Wasserturm« funktionierte alles ohne Probleme, und wir verspielten die zwei, drei Mark, die wir für den Nachmittag mitbekommen hatten, auf dem Gorgar, dem ersten Flipper, der sprechen konnte, wie ich später einmal las (um 1980 ein derart großes Ereignis, dass die insgesamt sieben Worte des Fabelwesens Gorgar von der Firma Williams sogar auf eine Vinylsingle gepresst wurden, als Werbegeschenk für die Flipperaufsteller).

Die Freitage liefen von nun an immer nach dem gleichen Muster ab. Sofort nach dem Mittagessen verließen Stefan und ich die Wohnung, sagten meiner Mutter, wir würden ins Pullacher zum Flippern gehen (was nur eine halbe Lüge war), und begaben uns auf einen Streifzug durch die Kneipen und Gaststätten der umliegenden Viertel. Der Gorgar im »Wasserturm« hatte seinen Zauber bald eingebüßt, es gelang uns auch nie, auf diesem Gerät, dessen Seitenausbahnen die Kugel magnetisch anzuziehen schienen, ein Freispiel zu holen – und war das Aufregende des ersten Nachmittags nicht ebenso sehr die Suche selbst gewesen, die Ungewissheit, ob wir, die beiden Zehn- oder Elfjährigen, die Schwelle des Wirtshauses überhaupt passieren konnten? Der Erfolg im »Wasserturm« machte uns jedenfalls mutig, und nach und nach begannen wir, das Gebiet rund um den Schlachthof und die Großmarkthalle systematisch nach möglichen Flipperorten zu durchkämmen. In dem engen Geflecht der Straßen, die zum Großteil noch mit Kopfsteinpflaster bedeckt waren, gab es Dutzende von Stehausschänken, Kneipen und Wirtshäusern; an vielen Orten herrschte eine Atmosphäre des Verruchten, die das Abenteuer unserer Suche noch verstärkte. Die für uns so dankbare Verteilung der Räume im »Wasserturm« fand sich leider kein zweites Mal. Es war unmöglich, die Lokale zu betreten, ohne dass es den Wirten oder Bedienungen aufgefallen wäre. Wir gingen daher rasch zu dem Trick mit den Toiletten über – einmal, weil diese Frage die einzige Möglichkeit war, sich überhaupt in den Gaststätten umschauen zu dürfen; dann aber auch, weil wir bald herausgefunden hatten, dass die Geräte ohnehin meistens in deren Nähe, abseits der Gasträume, aufgestellt waren.

Stefan und ich entwickelten mit der Zeit ein feines Gespür für die Standorte von Flippern. Die meisten Lokale schieden auf den ersten Blick aus, so etwa alle Restaurants mit fremdländischer Küche, deren auf das Essen konzentrierte Stimmung sich nicht mit lauten Spielautomaten vertrug (eine Ausnahme bildeten allenfalls die jugoslawischen Gaststätten). Nicht infrage kamen auch jene Lokale, die, nach einer Mode der frühen achtziger Jahre, im Bistrostil eingerichtet waren, mit kleinen, eng nebeneinanderstehenden Marmortischen. In diesen Räumen erübrigte sich die Suche, denn es gab keinerlei Nischen oder verborgene Ecken (jene für alle Zeit bevorzugten Flipperplätze). Aufmerksam wurden wir jedoch, wenn wir an Wirtshäusern vorbeikamen, die einen etwas heruntergekommenen Eindruck machten, wie schon die vergilbte Speisekarte an der Eingangstür zu erkennen gab. Diese Lokale, trotz des Küchenangebots eher reine Biertrinkerstätten, hatten ihre beste Zeit hinter sich, und genau das Vernachlässigte, Fahrige zeichnete sie als potenziellen Flipperort aus. Wenn Stefan und ich ein solches Wirtshaus betraten, noch wenig gefüllt an einem Freitagnachmittag, stieg unsere Aufregung. Jede Einzelheit schien plötzlich ein Indiz zu sein: die verwinkelte Struktur der dunklen Räume, der Erdnussautomat neben dem Eingang, die Plastikdose mit den Dauerbrezen auf der Theke, der kupferfarbene Bierwärmer, in dem das Glas des Rentners am Stammtisch stand. Wir stellten die übliche Frage, gingen zum Gang mit den Toiletten und begannen unsere heimliche Inspektion.

Es war auf diesen Streifzügen mit Stefan, dass ich wirklich zu spielen lernte und meine ersten Geräte einigermaßen *beherrschte*, wie wir es nannten: den Mata Hari in einem Lokal, das, nach Auskunft eines Plakats am Eingang, die einzige offizielle »Wärmestube« des

Stadtteils war, in der die Gäste im Winter nichts konsumieren mussten; den Phoenix im Vorraum einer Bowlingbahn; den Playboy in einem der verrauchten Stehausschänke (wo die Flipper auch ihren festen Ort hatten: den leicht erhöhten, schlauchartigen Gang hinter dem Hauptraum). Vor allem aber entdeckte ich in dieser Zeit einen Flipper, den ich dann etliche Jahre nicht mehr aus den Augen verloren habe: den Harlem Globetrotters von Bally.

Die Liebe zu diesem Gerät, das wie der Gorgar im Nebenraum einer Gaststätte stand, kam nicht mit dem ersten Spiel – dafür bereitete ein bestimmtes Detail dem Neuling zu viel Kopfzerbrechen. Auf der linken Seite hatte der Harlem Globetrotters nämlich zwei Schläger, nebeneinander montiert, und wenn man den Knopf drückte, ergab sich zwischen ihnen eine große Lücke. Ausgerechnet jene kontrollierte Spielweise, die ich im Pullacher von Schaschlik gelernt hatte – das ruhige Stoppen der Kugel vor dem nächsten Schuss –, war hier verhängnisvoll, denn jedes Mal, wenn man den Ball elegant mit dem unteren Schläger einfing, rollte er durch die Lücke ins Aus. Es dauerte eine Weile, bis ich mich an dieses Hindernis gewöhnt hatte, doch dann offenbarte der Flipper nach und nach seine besonderen Geheimnisse. Die großartigste Neuerung bestand darin, dass die »Drop Targets« (die Zielscheiben, die nach einem Treffer im Boden versanken) hier zum ersten Mal nicht nebeneinander, sondern hintereinander angeordnet waren. Oben rechts auf dem Spielfeld gab es eine Art Kanal, in dem die Kugel desto weiter vorankam, je mehr Targets abgeräumt worden waren. Hatte man schließlich alle vier Zielscheiben getroffen, war der Weg frei, um den Ball in ein Auffangloch zu schießen und, beim ersten Mal, eine extrem hohe Punktzahl zu kassieren, beim zweiten Mal aber ein »Special«, also ein Freispiel. Die Herausforderung dieser Target-Reihe, die Spannung, wenn wir schon zwei oder drei Zielscheiben getroffen hatten und kurz vor dem Special standen, ließ sich mit keinem früheren Spielerlebnis vergleichen. Natürlich konnte man auch bei jedem anderen Gerät Targets abschießen und Freispiele holen, doch bei aller Meisterschaft blieb immer eine gewisse Distanz zu der Spielfläche des Flippers. Der Kanal mit den hintereinanderstehenden Targets dagegen verwandelte diese Fläche in einen Raum und verlieh dem Gerät eine eigenartige Tiefe.

Auf dem Harlem Globetrotters geschah zum ersten Mal das, was sich dann immer wieder als schönste Flippererfahrung erwiesen hat: dass mir ein Apparat, in allen seinen Eigenheiten, wirklich vertraut wurde. Nach ein paar Freitagnachmittagen in der Kneipe beim Schlachthof wusste ich genau, wie sich die Maschine anfühlte, in welchem Winkel ich die Ziele anzuvisieren hatte oder bei welchen Gelegenheiten ich den Kasten leicht schütteln musste, um die Kugel an die richtige Stelle zu bringen. Sogar die Unregelmäßigkeiten des Geräts wurden mir lieb, denn es stand nicht vollkommen gerade auf dem Boden und »hing« ein wenig zur Seite, wie es im

Flipperjargon hieß. Ein Gelegenheitsspieler hätte mit diesen Schwierigkeiten zu kämpfen gehabt, doch ich hatte mich längst an die kleinen Fehler gewöhnt, so wie man auch auf dem eigenen Fahrrad irgendwann nicht mehr merkt, dass die Gabel leicht verbogen ist oder der Lenker etwas schief steht.

Es war seltsam: Obwohl der Harlem Globetrotters weiterhin ein öffentlicher Spielautomat war, zugänglich für jedermann, hatte sich so etwas wie ein persönliches Verhältnis zu ihm entwickelt. Wenn Stefan und ich in den Raum kamen und das Gerät doch einmal von anderen Spielern besetzt war, glaubte ich fast eine Reaktion des Flippers zu spüren, einen erleichterten Gruß über die Schultern der Fremden hinweg, der besagen sollte: »Warte kurz, es dauert nicht mehr lange!« Und wenn die unbekannte Gruppe dann tatsächlich rasch abgefertigt war und ich mich zum Spielen bereit machte, war es verblüffend, wie genau meine Zeige- und Mittelfinger mittlerweile auf die beiden Knöpfe an den Seiten passten, so als hätten sich dort im Lauf der Zeit kleine Mulden in der Form meiner Fingerkuppen gebildet. Ja, genau das war das Geheimnis jener wenigen Geräte, die ich in meinem Leben wirklich zu spielen verstanden habe: dass sie zu *meinen* Flippern geworden waren; dass sie sich vom bloßen industriellen Produkt in einen vertrauten Gegenstand verwandelt hatten.

Viele Wochen lang blieb der Harlem Globetrotters das einzige Ziel unserer Streifzüge, von der Wirtin ab einem bestimmten Zeitpunkt, als sich der Toilettentrick nicht mehr aufrechterhalten ließ, sogar offiziell toleriert. Schon auf dem Weg in die Gaststätte konnten wir es kaum erwarten, die schweren Flügeltüren des Nebenraums zu öffnen und den zumeist noch unbeleuchteten Flipper einzuschalten. Gab es einen schöneren Handgriff als das Umlegen jenes kleinen Hebels vorne an der Unterseite des Kastens? Wie der Flipper langsam zum Leben erweckt wurde, nicht auf einmal, sondern nach und nach. Die Punkteanzeigen flackerten mehrere Male schwach auf, bevor sie schließlich in festen roten Ziffern auf dem Display standen, so als hätte sich der Flipper erst die Augen reiben müssen, um endgültig wach zu werden.

Nun war auch die Motivscheibe mit den fünf Basketballspielern hell erleuchtet, die einzige von Bally – und eine von nur dreien in der gesamten Geschichte des Flippers –, auf der man ausschließlich dunkelhäutige Menschen sieht. 1979 exportierte das Unternehmen die knapp 15 000 Exemplare des Harlem Globetrotters hauptsächlich nach Deutschland und Frankreich; in den USA wurde das in Europa so verbreitete Modell ein Misserfolg, weil viele Spieler offenbar keine schwarzen Protagonisten duldeten. Das Flippern war immer ein weißes Vergnügen. (Und wahrscheinlich ist diese Beschränkung auch einer der Gründe, die zum Verschwinden der Apparate in den achtziger und neunziger Jahren beigetragen haben. Je stärker die Popkultur von Hip-Hop und Rap geprägt wurde, desto unbedeutender wurde ein Spielgerät, das sich immer am Rock orientierte. In den letzten 45 Jahren gab es zwei Kiss-, zwei Rolling-Stones-, zwei Guns-N'-Roses-, einen Ted-Nugent-, einen Dolly-Parton-, einen Elvis-, einen AC/DC-, einen Metallica-, einen Iron-Maiden-, einen Aerosmith-, einen Beatles-, einen Led-Zeppelin-, einen Rush- und einen Queen-Flipper, aber keinen einzigen, der eine Ikone schwarzer Musik zum Titelhelden gehabt hätte.)

Als Stefan und ich an einem der Freitagnachmittage wie gewohnt den Nebenraum der Gaststätte am Schlachthof betreten wollten, war die Tür bereits geöffnet. Doch vor dem Gerät stand nicht, wie erwartet, ein anderer Gast, sondern ein älterer Mann in grauem Kittel. Er hatte die Glasscheibe abgenommen, die nun an der Wand lehnte (neben seinem großen Werkzeugkasten), und machte ein Probespiel auf der unbedeckten Spielfläche. Wie laut das Klackern der Kugel plötzlich tönte! Ein wenig schüchtern näherten wir uns dem offenen Flipper, so als wäre es pietätlos, ihn in diesem Zustand anzutreffen. Der Monteur hatte auch den Münzkasten unterhalb der Spielfläche aufgeschlossen, und als unser Blick kurz in den Bauch des Geräts fiel, war ich überrascht, dass die verschiedenen Geldstücke, die doch in separate Schlitze geworfen werden mussten (»2 Spiele 1 Mark, 5 Spiele 2 Mark, 14 Spiele 5 Mark«), letztendlich im selben Behälter landeten. »Ihr könnt gleich anfangen«, sagte der Monteur, der die Maschine offenbar sorgfältig überholt hatte. Denn nun leuchteten auf dem Spielfeld auch jene Lämpchen auf, die bislang immer kaputt gewesen waren und den Spieler im Ungewissen gelassen hatten, ob bestimmte Ziele bereits getroffen waren.

Wir sahen gespannt zu, wie der Monteur die Glasplatte wieder auf das Gerät zog und noch einmal die Armaturen überprüfte. Als er seine Arbeit schon beendet hatte und den Münzkasten verschließen wollte, geschah etwas Ungeheuerliches: Durch einen unsichtbaren Eingriff, vermutlich das Drücken eines versteckten Knopfes, lud er uns noch vier oder fünf Freispiele auf den Apparat. Ohne jede Vorankündigung ertönte mehrmals das bekannte Geräusch, und natürlich freuten wir uns über die Großzügigkeit des Monteurs, die uns erlaubte, vielleicht den ganzen Nachmittag umsonst zu spielen. Doch gleichzeitig spürten wir die Entweihung, die mit diesem Handgriff einherging. Das laute Klopfen des Freispiels, dieser feierliche Ton: War er nicht untrennbar verbunden mit der besonderen Leistung des eigenen Spiels? Hatte er seine Berechtigung nicht allein als Belohnung einer perfekten Kugel, wenn der Flipper fast von selbst zu spielen schien und sämtliche Ziele getroffen wurden? Der Handgriff des Monteurs löste das Ertönen des Geräuschs vom Lauf des Balles ab und verwandelte es in einen bloßen Akt der Technik. Mechanisch erzeugt statt an ein festliches Ereignis gebunden, blieb der Ton merkwürdig blass, wie das testweise Entkorken von Sektflaschen in einer Getränkefabrik.

Der Höhepunkt meiner Flipperausflüge mit Stefan war gleichzeitig deren Ende. Eines Freitagnachmittags saßen wir in meinem Zimmer vor dem roten Kinderschreibtisch, von dem die aufgeklebten Panini-Bilder der WM 1978 langsam abblätterten, und wollten gerade aufbrechen, als Stefan plötzlich mit einem Grinsen sagte, dass wir heute doch etwas Besonderes unternehmen könnten. Er habe beim letzten Besuch seines Vaters (der in einer anderen Stadt lebte) fünfzig Mark geschenkt bekommen und würde mit mir gerne auf den Olympiaturm hinauffahren, wo es zu dieser Zeit nicht nur das berühmte Drehrestaurant gab, sondern auch, wie wir von Freunden gehört hatten, eine Spielhalle mit den neuesten Flippermodellen. Ich weiß von diesem Nachmittag nicht mehr viel; ich kann mich nur noch an das Glücksgefühl beim Anblick der zahllosen leuchtenden Kästen erinnern und an den Kiss-Flipper von Bally, auf dem wir ewig spielten, weil unser Budget unerschöpflich war. Was sich aber für immer in mein Gedächtnis eingebrannt hat, ist der Moment wenige Tage später, als ich mich an meinen Schreibtisch setzte, um mir, wie so oft, den darin verborgenen Schatz anzusehen: einen Fünfzig-Mark-Schein, den ich von meinen Großeltern zum Geburtstag geschenkt bekommen hatte und dessen Größe und Gestalt – die rostbraune Farbe, der ernst blickende Mann mit der seltsamen Kopfbedeckung – mir so Respekt gebietend vorkamen, dass ich mir nicht vorstellen konnte, ihn jemals auszugeben. Ich öffnete die Schublade. Der Geldschein war verschwunden.

In den Tagen danach kam es zu mehreren Telefonaten zwischen unseren Müttern, und einmal fand hinter der geschlossenen Glastür der Küche auch ein langes Gespräch der beiden mit meinem Flipperfreund statt. Ich bekam von diesen Auseinandersetzungen wenig mit. Doch bald schon lag in meiner Schreibtischschublade ein neuer Fünfzig-Mark-Schein. Stefan kam von nun an nicht mehr zu uns. Es ist mir bis heute rätselhaft, warum er seine Diebesbeute damals gemeinsam mit dem Bestohlenen verprasste – eine Idee, die ihn sofort überführte. An den Freitagnachmittagen verabredete ich mich wieder wie früher zum Fußballspielen.

4. Pinball Champ ’82

Fast alle Flipper, die ich kannte, stammten von den drei gleichen Herstellern: Bally, Williams und Gottlieb. So selten bekam man ein anderes Gerät zu Gesicht, dass ich lange Zeit dachte, es gäbe tatsächlich nur diese drei Marken; als hätten Bally, Williams und Gottlieb, die sogar in derselben Stadt ansässig waren, eine Art Monopol auf die Produktion. Umso größer war mein Erstaunen, als ich während eines Sommerurlaubs am Plattensee in Ungarn, in der Spielhalle eines bei westlichen Touristen beliebten Strandhotels, auf einen Flipper stieß, dessen Gestaltung mir vollkommen unbekannt war. Er hieß Pinball Champ ’82 und kam, wie ein Blick auf den oberen Rand der Motivscheibe verriet, von einer Firma namens Zaccaria. Alles an diesem Gerät schien unecht, wie das schlechte Imitat eines Flippers: die Spielfläche eine Kombination aus groben Plastik-Versatzstücken; die Schläger auffällig breit und viel zu gerade, fast waagrecht montiert; die Ziffern und Buchstaben auf dem Feld in ordentlicher Schrift, wie bei einem Formular.

Am befremdlichsten allerdings wirkten die Farben auf der Spielfläche. Das Lämpchen für das Special etwa, das zusätzliche Freispiel nach dem Treffen bestimmter

Ziele, war nicht in jenem tiefen Rot gehalten, das ich von den üblichen Flippern kannte. Diese Farbe kam mir wie die schönste der Welt vor, und vielleicht hatte der besondere Ehrgeiz, der mich bei Geräten wie dem Harlem Globetrotters ergriff, auch damit zu tun, dass ich mit aller Kraft das einzigartige Rot aktivieren wollte. Warum wurde die Farbe nicht auch für den Pinball Champ '82 verwendet? Hatten sich die drei Firmen aus Chicago dieses Rot als Markenzeichen schützen lassen? Vielleicht war es einem kleinen europäischen Hersteller wie Zaccaria tatsächlich untersagt, die Farbe zu übernehmen. Anders konnte ich mir nicht erklären, dass das Special bei diesem Flipper in einem Orangeton leuchtete, einer blassen Variante jener Farbe, die bei Bally und Williams für den Extraball reserviert war.

Der Pinball Champ '82, das machten all diese Details klar, schien eher eine Flipperattrappe zu sein, fremd wie die ungarische Währung, die man in den Münzschlitz werfen musste. Andererseits passte das Gerät perfekt in die Atmosphäre dieses Urlaubsorts, denn auch sonst begegneten mir dort ständig namenlose Kopien gewohnter Marken. Die Turnschuhe in dem Bekleidungsgeschäft an der Seepromenade etwa waren nicht von Adidas, sondern hatten an jeder Seite nur zwei Streifen, was im ersten Moment wie ein beschädigtes Zeichen aussah. Das Eis am Stiel, das am Kiosk verkauft wurde, kam von einer unbekannten Firma anstatt von Langnese oder Schöller, und die Holzstängel waren so ungewöhnlich breit, das Fruchteis so merkwürdig farblos wie die Schläger und Lämpchen des Pinball Champ '82.

Mehrmals am Tag ging ich vom Strand in das Untergeschoss des Hotels, mit ein paar 100-Forint-Münzen in der Tasche, und bereits nach den ersten Bällen an dem eigentümlichen Flipper wurde deutlich, dass seine Funktionen wesentlich attraktiver waren als sein Design. Vor allem gab es auf dem Feld eine zweite, höher gelegene Ebene, auf die man gelangen konnte, wenn man durch das Abschießen einiger Targets ein bestimmtes Maß an Spielzeit gesammelt hatte. (»Geh aufs Oberdeck, du hast zwanzig Sekunden«, sagte eine Stimme dann; ein Satz, der mir noch Wochen nach den Sommerferien in den Ohren klang.) Langsam freundete ich mich mit dem unbekannten Flippertyp an, machte sogar meine ersten Freispiele; doch was sich auf dem Pinball Champ '82 bis zuletzt nicht einstellte, war jene Vertrautheit, die ich von den gängigen Herstellern kannte.

Die Geräte von Bally, Williams und Gottlieb wusste ich mittlerweile so gut einzuschätzen, dass ich während eines Spiels auch mit geschlossenen Augen hätte sagen können, von welcher Firma der Apparat stammte. Bally-Flipper waren mir nach wie vor die liebsten. Der Harlem Globetrotters, der Six Million Dollar Man, der Dolly Parton, der Nitro Ground Shaker: Alle diese Geräte hatten eine Griffigkeit, die von den anderen Herstellern nicht erreicht wurde; nur auf ihnen schien, wenn man Glück hatte, jene Verschmelzung zwischen Spieler und

Maschine möglich, um die es beim Flippern ging. Mit den Williams-Apparaten am Anfang der achtziger Jahre gelang das bis zu einem bestimmten Grad ebenso, auch wenn mir die Geräte ein wenig zu fragil vorkamen. Alles an ihnen fiel schmaler aus, von den Ausmaßen des Kastens selbst über die Schlagtürme im oberen Teil des Spielfeldes bis hin zu den Schlägern, die feiner gestaltet und etwas länger waren. Bei Williams-Flippern bestand deshalb auch eine größere Gefahr, den Tilt auszulösen. Man musste sich immer ein wenig zurücknehmen und konnte nicht, wie an den Bally-Geräten, sein Letztes geben.

Im Vergleich zu dem dritten alteingesessenen Produzenten war an den Williams-Flippern aber nichts auszusetzen. Denn Gottlieb fiel gegenüber seinen Konkurrenten deutlich ab, obwohl die Firma, in den fünfziger und sechziger Jahren unbestrittener Marktführer, natürlich weiterhin zu den großen drei zählte und nicht wie Zaccaria, Atari, Data East oder Stern als Exot galt. Gottlieb-Apparate sahen großartig aus, wie etwa der Panthera damals in der Westernkneipe am Tierpark, doch sie waren zu klobig, zu ungelenk. Die massigen, oft überbreiten Kästen reagierten auch kaum auf den Versuch, den Lauf der Kugel durch Schütteln zu beeinflussen. Gottlieb-Flipper schienen die Spieler möglichst schnell wieder loswerden zu wollen, was sich am deutlichsten daran zeigte, wie am Schluss einer Partie das Zahlen-Freispiel bestimmt wurde (das »Depperl-Freispiel«, wie wir diese Übereinstimmung der letzten beiden Ziffern der erreichten Punktzahl mit einem zufällig angezeigten Wert im Pullacher immer genannt hatten). Bei Bally und Williams war dieser Moment eine große Inszenierung, durch lange hinausgezögerte Drehbewegungen auf dem Display. Auf dem Panthera dagegen leuchtete unmittelbar nach Spielschluss sofort die zweistellige Ziffer auf. Keine Spannung, keine Dramatik; der Flipper spuckte die Glückszahl aus wie ein Automat einen Beleg.

Die Firmen Bally, Williams und Gottlieb stammten aus Chicago, und deshalb galt es für mich immer als ausgemacht, dass die Geräte in den USA am stärksten verbreitet waren. Hatte Pier Paolo Pasolini den zunehmenden »Amerikanismus« Europas in der zweiten Hälfte des 20. Jahrhunderts nicht ausdrücklich als »Zeitalter von Flipper und Fernsehen« beschrieben? Umso erstaunlicher ist es, wenn man in Dokumenten zur amerikanischen Flippergeschichte erfährt, dass das Aufstellen der Apparate in Bars, Restaurants, Bowlingbahnen oder Shoppingmalls lange Zeit untersagt war. Bis Mitte der siebziger Jahre durften die blinkenden Kästen (nicht allein für Pasolini die Embleme der Konsumkultur Amerikas schlechthin) in den Metropolen New York, Los Angeles und sogar Chicago nur an zwielichtigen Orten wie Peepshows oder Casinos auftauchen. Diese Verbannung ging auf Maßnahmen aus der Zeit um 1940 zurück, als die ersten *pinball machines* – reine Glücksspiele, noch ohne Schläger, bei denen Geldgewinne ausgeschüttet wurden – aus dem öffentlichen Leben getilgt wurden. Im Januar 1942, kurz nach dem japanischen

Angriff auf Pearl Harbor, beschlagnahmte etwa die New Yorker Polizei tausende Maschinen, und Bürgermeister Fiorello La Guardia ließ sich dabei fotografieren, wie er mit einem Vorschlaghammer ein Exemplar der gefährlichen, in Zeiten des Krieges materialvergeudenden Automaten zerstörte. Die eingeschmolzenen Eisenteile der Flipper wurden zur Herstellung von Bomben verwendet. »Pinball Machines to help win war«, schrieb die *New York Times*.

Der Spielautomat, der in den Filmen der Nouvelle Vague und ab Mitte der sechziger Jahre auch im deutschen Kino die Amerika-Sehnsucht der Regisseure verkörperte, wurde zwar in der drittgrößten Stadt der USA produziert; zum Einsatz kam er in dieser Zeit aber vorwiegend in Europa. »Flippern ist vor allem in Deutschland und Frankreich verbreitet«, hieß es 1966 in einem Artikel des amerikanischen Magazins *Esquire*, und der deutsche Markt machte, nach der Aussage eines Bally-Managers, noch in der großen Zeit der späten siebziger Jahre »beinahe fünfzig Prozent unseres Gesamtumsatzes aus«. Wie schwer es tatsächlich war, im klassischen »Zeitalter von Flipper und Fernsehen« einen Apparat in den amerikanischen Großstädten aufzuspüren, erzählt der vermutlich einflussreichste Spieler der Geschichte, Roger Sharpe, der 1976 vor dem New Yorker Stadtrat mit einer Testvorführung bewies, dass Flippern nicht auf Glück, sondern Geschicklichkeit beruhte, und dafür sorgte, dass das jahrzehntelange Verbot in New York und anderen Städten aufgehoben wurde.

Sharpe, 1948 in Chicago geboren, erinnert sich in einem Gespräch mit dem *Pinball Magazine* daran, wie er während seines Studiums in Wisconsin (einem Bundesstaat, der die Geräte duldete) das Flippern in einem Burger-Imbiss entdeckte, nach seiner Rückkehr in die Heimatstadt aber keine Gelegenheit zum Spielen finden konnte. Auch in New York, wo er ab den frühen siebziger Jahren als Journalist lebte, standen Flipper nur an den verruchtesten Orten. Viele Nachmittage verbrachte er an einem Automaten in einem Sexshop am Times Square, und auch der wurde eines Tages von der Polizei konfisziert, »obwohl es«, wie Sharpe sagt, »in einem Nebenraum eine illegal betriebene Peepshow gab, aber der Flipper schien den Polizisten gefährlicher zu sein«. Für das Magazin *Gentlemen's Quarterly* schrieb er regelmäßig über die Geschichte und gegenwärtige Verbreitung der Geräte und hatte sich in Manhattan den Ruf des brillantesten Spielers weit und breit erworben. Als sich im Frühjahr 1976 die Gelegenheit bot, eine neu entfachte politische Initiative zur Aufhebung des Flipperverbots in New York mit einem Testspiel zu unterstützen, wurde daher Roger Sharpe gefragt.

Am 2. April 1976 kam es in einem Gerichtssaal in Manhattan zu jener Vorführung, die ein für alle Mal festlegte, dass sich Erfolge beim Flippern in erster Linie dem Können des Spielers verdanken. Auf einem berühmt gewordenen Foto sieht man Sharpe, wie er vor dem Apparat steht, mit Anzug, dunkler Krawatte und nietzschehaftem Schnurrbart, umringt von Fernsehkameras und den skeptisch auf das Spielfeld blickenden Repräsentanten der Stadtverwaltung. Vor Beginn musste er bezeugen, dass er nicht von einem Flipperhersteller entsandt worden sei. Danach bewegte sich die Kommission auf die beiden im Gerichtssaal aufgebauten Gottlieb-Automaten zu, auf den El Dorado von 1975, der für das Testspiel bestimmt worden war, und den im Falle einer technischen Störung als Ersatz vorgesehenen Bank Shot, ein nur wenige Wochen zuvor auf den Markt gekommenes Modell.

»Ich ging zum El Dorado«, erzählt Sharpe, »aber plötzlich wurde ich vom Vorsitzenden des Stadtrats aufgehalten. Er zeigte in die andere Ecke, in Richtung des Bank Shot, und sagte: ›Nein, nicht der – dieser hier.‹ Ich glaube bis heute, dass er davon überzeugt war, der ursprünglich ausgesuchte Flipper sei gezinkt gewesen.« Doch diese kurzfristige Planänderung kommt dem Spieler entgegen: »Der Bank Shot mit seinem Poolbillard-Thema erleichterte die Sache. Denn die verschiedenen Targets, die jeweils für eine Billardkugel stehen, machten es für mich viel einfacher, den Zuschauern den Sinn meines Tuns zu erläutern. Der El Dorado hätte mir kein so vertrautes Motiv geboten, um etwas über den Aufbau des Spielfeldes und die Richtung meiner Schüsse zu sagen.«

Roger Sharpe zog die erste Kugel ab, stoppte sie mit einem der Schläger und machte den Umstehenden deutlich, welche Optionen er nun habe, welche Ziele er zu treffen plane. Manches gelang ihm wie angekündigt, manches verpasste er – kein Wunder angesichts dessen, was auf dem Spiel stand. Die Jury war nicht sofort überzeugt. Dann kam der dritte von fünf Bällen. Man kann sich die Nervosität Sharpes vorstellen: Jeder Spieler, der in einer Bar schon einmal kurz vor dem Freispiel stand, kennt das Gefühl, wie die Finger an den Knöpfen plötzlich zu flattern beginnen, wie das unkontrollierbare Zickzack der Kugel zwischen den Schlagtürmen und Banden einen wachsenden Anflug von Panik hervorruft. Erfahrene Turnierspieler berichten davon, dass ein Finale vor hunderten Zuschauern in erster Linie durch die größere Nervenstärke eines Konkurrenten entschieden wird. Wie muss sich Roger Sharpe in diesem Moment gefühlt haben, in dem es nicht um ein Freispiel, nicht um eine Runde Bier, nicht um einen Turniersieg ging, sondern um die Zukunft des Flipperns schlechthin?

»Bevor ich den dritten Ball ins Spiel brachte«, erzählt er, »erklärte ich der Kommission, dass man selbst den Abzug mit so viel Feingefühl bedienen könne, dass die Kugel das erwünschte Ziel erreicht. Beim Bank Shot gab es oben auf dem Spielfeld fünf schmale Durchläufe. Ich setzte alles auf eine Karte und sagte: ›Ich werde die Kugel jetzt so abschießen, dass sie genau durch die mittlere der fünf Bahnen läuft.‹« Für dieses Unterfangen benötigen auch die größten Spieler Glück; sie können den Lauf der Kugel allenfalls durch leichtes Stoßen manipulieren. Doch Roger Sharpe betätigte an diesem Aprilvormittag vor einem halben Jahrhundert den Abzug, und der Ball landete, »ohne dass ich überhaupt etwas tun musste«, in der mittleren Spur. Nach seinem Coup sah er kurz hinüber zum Vorsitzenden der Jury, und dieser brach die Vorführung mit jenen Worten ab, die den Erfolgsweg des Flippers auch in den USA geebnet haben: »It's enough!« Sechs Wochen später berichtete die *New York Times*, dass die Stadtverwaltung das 34 Jahre währende Verbot aufgehoben habe und die Maschinen nun auch »in Kinos, Hotels und Bars« stehen dürften. Chicago, Herkunftsort des Flippers und seines kaltblütigsten Meisters, folgte sechs Monate später.

Roger Sharpes Auftritt, der unter dem Titel *Pinball – The Man Who Saved the Game* zum Gegenstand eines Spielfilms wurde, fiel genau in die Zeit einer anderen Zäsur der Flippergeschichte: der Umstellung von den elektromechanischen auf die elektronischen Geräte. In den ersten Spielhallen, die ich mit meinem Vater an den Urlaubsorten oder im Bahnhofsviertel besuchte, gab es noch eine gemischte Population von Apparaten, teils mit der alten, an eine Registrierkasse erinnernden Anzeige, teils bereits mit rotem (auf den Gottlieb-Geräten mit hellblauem) Computerdisplay – eine Phase des Übergangs, wie in den Fernsehgeschäften derselben Zeit, als manche der aufeinandergestapelten Vorführgeräte noch Schwarz-Weiß-Bilder zeigten und manche schon farbige. Auf der Oberfläche der Flipper schien sich die Neuerung allein auf diesen Unterschied zu beschränken. Im Innern der Kästen jedoch war das Geflecht von Spulen, Schaltern und kleinen Motoren, das unter dem Spielfeld zum Vorschein kam, wenn ein Monteur ein altes Gerät öffnete, durch eine viel komprimiertere Anordnung von Mikroprozessoren, vorwiegend in der Motivscheibe, ersetzt worden.

Der erste elektronische Flipper stammte von einem kleinen, nur kurzzeitig aktiven Hersteller: der Spirit of '76 von Mirco Games, im Herbst 1975 präsentiert, in einer Auflage von nur 127 Exemplaren. Von den Etablierten reagierte als Erstes Bally auf die neuen Gegebenheiten. 1976 brachte die Firma das Gerät Freedom heraus (ebenfalls ein Tribut an den 200. Geburtstag der Vereinigten Staaten), in einer gewohnt elektromechanischen und in einer elektronischen Version. Im September 1977 dann kam der Eight Ball auf den Markt, das erste rein elektronische Bally-Gerät, mit dem die goldene Epoche der Firma endgültig begann. Mit der neuen Technik wandelte sich die Anmutung der Flipper. Auf den ersten Blick war es nur das erhabene rote Computerdisplay, das nach dem Einwerfen der Münze nicht mehr wie die schwarz-weißen Zahlenleisten mühevoll auf null rattern musste. Doch mit Beginn des Spiels machten allein schon die Geräusche deutlich, welche elementare Veränderung sich vollzogen hatte. Bis dahin waren die prägenden Laute die verschieden hohen Glockentöne gewesen, die beim Treffen der Zielscheiben oder bei der Kollision der Kugel mit Schlagtürmen und Banden erklangen. Ein xylofonartiger Kasten unter dem Spielfeld brachte diese Töne hervor. Das elektronische

Modul, das nun stattdessen in der Motivscheibe angebracht war, entkoppelte die Klangerzeugung von den Wegen des Balles.

Wenn ich etwa eine Geldmünze in den Kiss-Flipper von Bally warf, hörte ich eine kurze Melodie, die sich bei genauem Hinhören als Refrain des größten Hits der Band, »Rock and Roll all Nite«, identifizieren ließ. Der 1979 hergestellte Flash von Williams wiederum war das erste Gerät, das während des Spielens permanente Hintergrundklänge von sich gab, einen monotonen, eher wie ein Störgeräusch wirkenden Sound, der mit zunehmender Punktzahl immer dringlicher wurde. Mit dem Gorgar, dem so schwer beherrschbaren Apparat in der Gaststätte »Wasserturm«, begann ein paar Monate später schließlich das Zeitalter der sprechenden Flipper. Das rudimentäre Vokabular erklang stets auf Englisch, der natürlichen Muttersprache der Flipper, und deshalb erschrak ich im Souterrain des Hotels am Plattensee fast ein wenig, als der Pinball Champ '82 seine Anweisungen plötzlich in deutscher Sprache gab. (Heute erscheint mir diese Programmierung noch verwirrender: Ein italienischer Flipper an einem ungarischen Ferienort redete deutsch mit dem Spieler. Er richtete seine Kommunikation, wie die umliegenden Restaurants mit ihren Speisekarten, nach der Herkunft der größten Gruppe von Touristen.)

Ein anderer Effekt der Mikrochips war, dass sich die elektronischen Flipper nun über alle Kugeln hinweg an die erbrachten Leistungen der Spieler erinnerten. Auf dem Eight Ball, der mit über 20 000 Exemplaren lange Zeit der erfolgreichste Flipper überhaupt war, ließ sich dieses Vermögen zum ersten Mal bestaunen: Die Maschine merkte sich alle Billardkugeln, die ein Spieler durch Passieren der Durchläufe oder Abschießen der Ziele gesammelt hatte, und zeigte sie beim nächsten Ball wieder an. Die alten Maschinen hatten kein solches Gedächtnis, und vielleicht machte dieser Mangel ihre eigentliche Identität als Flipper aus. Es waren Automaten ohne Datenspeicher, auf denen jede einzelne Kugel für sich selbst stand, im Gegensatz zu den programmierten Abläufen der elektronischen Flipper, die bereits Mimikry an den künftigen Computerspielen übten und damit ihren eigenen Niedergang beschleunigten.

1977 allerdings, im Jahr des Übergangs, sorgten die neuen Modelle für eine Hochkonjunktur, mit der die Hersteller und Vertriebe kaum Schritt halten konnten. In den amerikanischen Metropolen war der Durchbruch der elektronischen Geräte ohnehin mit der rechtlich erwirkten Ausweitung der Standorte verbunden. Und in Deutschland publizierte die Firma Wulff, Generalimporteur der Bally-Geräte, eine Annonce in der Branchenzeitschrift *Automaten Markt*, in der es entschuldigend hieß: »Wir bitten Sie um Verständnis, daß wir zur Zeit nicht in der Lage sind, alle Aufträge auf einmal ausführen zu können.« Als das Modell Freedom den deutschen Großabnehmern und Fachjournalisten präsentiert wurde, verfasste der Korrespondent von

Automaten Markt Anfang 1977 einen fast andächtigen Bericht: »Was geheimnisvoll, gleichsam wie in einer Nacht- und Nebelaktion, in den Werkstatt- und Lagerräumen von Wulff-Automaten in Hannovers Sokelandstraße in wochenlanger Arbeit begonnen und vorbereitet worden war, fand seinen krönenden Abschluß bei zwölf Glockenschlägen in völliger Finsternis nach Erlöschen der Kronleuchter in einem Saal des Hotels ›Interconti‹. Dennoch sollte dies – welch ein dramatisch inszenierter Regieeffekt – eine helle Sternstunde in der Automatenwirtschaft einläuten.« Der Flipperindustrie blieben in diesem feierlichen Moment noch fünf Jahre bis zu ihrer ersten großen Krise.

5. Paragon

Die perfekte Kugel, ewige Sehnsucht jedes Spielers, konnte völlig unerwartet kommen, so wie auf jenem Rastplatz zwischen San Francisco und Los Angeles, als meine Eltern nur kurz tanken und etwas zu essen holen wollten. Kalifornien erschien mir in diesem Sommerurlaub ohnehin wie das Paradies der Flipper, mit zahllosen, mir großteils unbekannten Maschinen in den Spielhallen der Piers und Strandpromenaden. Hier gab es auf den meisten Geräten fünf Kugeln statt drei, was zu der Generosität dieses Landes passte, in dem alles größer zu sein schien als zu Hause. Nur dass man das Spiel hier »Pinball« nannte, kam mir merkwürdig vor; »Flipper« hießen allein die Schläger. Wie immer nutzte ich an diesem Rastplatz die Pause, um nach einem Apparat zu suchen, und tatsächlich war in einer Blechhütte neben dem mexikanischen Imbiss ein kleiner Spielsalon eingerichtet. Wahllos warf ich einen Quarter in ein mir fremdes Gerät namens Flight 2000, und da ich wusste, dass mich meine Eltern ohnehin in wenigen Minuten rufen würden, ging ich auch nicht mit voller Konzentration zu Werke.

Lag es an dieser Unbeschwertheit, dass plötzlich alles wie von selbst gelang? Schon mit der ersten Kugel löste ich den Multiball aus – ein Element, das ich nur wenige Monate zuvor beim Firepower zum ersten Mal gesehen hatte –, und die drei Kugeln blieben, wie von Zauberhand geleitet, konstant im Spiel. Schnell waren die ersten Freispiele erreicht und alle Lämpchen beleuchtet, das Special, der Extraball, der höchste Bonus Multiplier (ein Wort, von dem ich nie genau wusste, wie man es ausspricht) – und plötzlich, wie hinter einem Schleier, hörte ich die Stimme meiner Mutter: wo ich denn bliebe, man warte schon seit einer Viertelstunde im Auto auf mich. Es war unmöglich, sie von der Bedeutung dieses Augenblicks zu überzeugen. Unterdessen hatte die Maschine weiterhin wie von selbst gespielt; auch während des Wortwechsels mit meiner Mutter war kein Schuss am Ziel vorbeigegangen. Doch es nützte alles nichts. Mit größter Willenskraft musste ich mich von dem bunt erleuchteten Spielfeld losreißen, und aus den Augenwinkeln sah ich noch, wie die Kugeln ohne mein Zutun rasch ins Aus stürzten, eine nach der anderen. Ich verließ den Raum mit dem Gefühl, einen Hilfsbedürftigen im Stich gelassen zu haben.

Eine perfekte Kugel kam nicht oft, vor allem nicht an Geräten, auf denen ich zum ersten Mal spielte. Eher war es an einem schon längere Zeit vertrauten Flipper möglich, dass plötzlich all jene theoretischen Konzepte aufgingen, die gewöhnlich an den unberechenbaren Launen der Schlagtürme und Banden scheiterten. In diesen

Momenten, wenn die Kugel wie in einem Lehrfilm minutenlang die Idealspuren einhielt, stellte sich nach und nach ein schwebendes, beinahe tranceartiges Glücksgefühl ein, das in einem amerikanischen Flipperbuch einmal als »Pinball-Nirwana« bezeichnet worden ist. »Der Spieler«, so die Autoren Robert Polin und Michael Rain, »begreift sich nicht mehr als ›Spielender‹, sondern empfindet die Maschine als natürlichen Teil seines Körpers und seiner Seele – und umgekehrt sich als Teil der Maschine. Es ist, als ob die Flipper direkt auf die Gedanken des Spielers reagieren würden und der Spieler seinerseits den Druck der Kugel gegen die Flipper körperlich empfände.«

Über die Jahre hinweg hat es allenfalls fünf oder sechs Geräte gegeben, auf denen ich diesen Zustand für kurze Augenblicke erreichte; Flipper, die mir bis ins verborgenste Detail, bis in die überraschendste Spielsituation hinein geläufig waren. (In einem solchen Stadium erwies sich dann immer besonders deutlich die Nutzlosigkeit der offiziellen Instruktionen am unteren Ende des Feldes. Diese Anleitung verriet nichts über die wirklichen Geheimnisse des Flippers, sondern speiste den Spieler mit hölzernen, zumeist verwirrenden Hinweisen ab.) Natürlich hatte ich auf dem Harlem Globetrotters ein paar dieser perfekten Kugeln gehabt, auch auf dem Mata Hari im hinteren Gang der Wärmestube. Der Flipper jedoch, den ich im Lauf der Jahre vielleicht am genauesten von allen kennenlernte, trug den Namen Paragon und war ebenfalls Teil der großen Bally-Zeit zwischen 1977 und 1980. Mitte der achtziger Jahre stand er noch in einem Spielsalon am Rande der Münchner Altstadt, einem düsteren, wenig einladenden Ort mit abgenutzten Billardtischen und einer Bar in der Mitte des Raumes, für die sich niemand verantwortlich fühlte. Genau in dieser Verlassenheit aber lag ein großer Vorteil, denn hier musste ich nicht wie in den anderen Spielsalons befürchten, von den Angestellten nach meinem Ausweis gefragt zu werden.

Von dem halben Dutzend Flipper kam nur der Paragon infrage, da alle neueren Geräte merkwürdig uninteressant waren, Zeugnisse der großen, vom Siegeszug der Videospiele verursachten Flipperkrise dieser Zeit. Nach dem letzten glorreichen Jahr 1981, als Stefan und ich fast jede Woche Maschinen mit bis dahin undenkbaren Spielelementen entdeckt hatten – mehrere Ebenen, quer über das Feld laufende Röhren, Multiball oder eine Funktion namens »Magna Save«, bei der man mit zusätzlichen Knöpfen die Kugel kurz magnetisch fixieren konnte, wenn sie ins Seitenaus zu gehen drohte –, setzte eine spürbare Flaute in der Produktion ein. Vor allem die Firma Bally stellte, wie ein inspirationsloses Filmstudio, fast nur noch Remakes früherer Erfolge her, und wenn sie sich doch einmal an neue Ideen wagte, endete es, wie bei Mr. & Mrs. Pac-Man von 1982, in Zugeständnissen an die Gestaltung der Videospiele. Als ich den Paragon zusammen mit einem Schulfreund entdeckte, irgendwann im Herbst des Jahres 1986, hatte meine Faszination für das Flippern daher ein wenig nachgelassen. Die Lieblosigkeit der aktuellen Geräte konnte nicht mit den Apparaten der vorangegangenen Generationen konkurrieren; umso erfreuter waren wir, in dem Spielsalon noch einmal einen ihrer großen Vertreter zu finden.

Der Paragon ähnelte im Aufbau ein wenig dem Harlem Globetrotters. Auch auf seinem Spielfeld gab es, vielleicht sogar schon ein paar Monate früher, einen Kanal mit hintereinander angeordneten Targets. Doch das bestimmende Kennzeichen war seine ungewöhnliche Breite. Vor allem unten links schien das Gerät völlig aus der Form geraten zu sein; anstelle der üblichen Seitenbahnen bildete sich am Ende des Feldes eine Art Wucherung, eine abgetrennte Spielzone mit zusätzlichem Schlagturm, der die Kugel, wenn man nicht aufpasste, durch einen kleinen Spalt ins Aus beförderte. Trotz dieser Schwierigkeit bereitete es aber besonderes Vergnügen, auf dem Paragon zu spielen, denn ich hatte bis dahin noch keinen Flipper gesehen, der eine vergleichbare Vielfalt von Funktionen versammelte. Die zahlreichen Target-Bänke, Auffanglöcher und Spinner ermöglichten es, vier verschiedene Specials zu beleuchten: eine Eigenheit des Paragon, die es dem Spieler nach einer gewissen Phase der Eingewöhnung gestattete, eine beträchtliche Anzahl von Freispielen zu holen.

In den Wochen vor Weihnachten gingen wir fast jeden Nachmittag in diesen Spielsalon, und nach einiger Zeit gaben wir so gut wie kein Geld mehr aus, da wir das

Zwei-Mark-Stück, das wir anfangs in den Apparat warfen, am Ende durch den Verkauf der übrig gebliebenen Freispiele an einen anderen Besucher wieder zurückbekamen. Unser Augenmerk galt ohnehin schon bald nicht mehr dem Erreichen der Freispiel-Marke, sondern einer ganz anderen Schwelle: dem Highscore – der höchsten jemals erzielten Punktzahl auf diesem Gerät –, der vor jedem neu begonnenen Spiel auf allen Displays aufleuchtete und, wie es bei den alten sechsstelligen Geräten üblich war, nahe an der magischen Grenze von 999 990 lag.

Vor der Inflation der Punktewerte in den achtziger und neunziger Jahren, vor den sieben-, später sogar acht- bis elfstelligen Computeranzeigen, gab es in der Flippersprache eine wichtige Vokabel, die seither verschwunden ist. Man sprach vom »Überdrehen« eines Geräts, wenn ein geübter Spieler über eine Million Punkte machte. Die Anzeige begann ihre Zählung dann wieder bei null, und abgesehen von den Berichten der anwesenden Zeugen gab es kein verlässliches Indiz dafür, dass dieses Ereignis tatsächlich stattgefunden hatte. Auf den Flippern der letzten Jahrzehnte ist ein Überdrehen unmöglich geworden. Der große Vorteil dieser Entwicklung besteht darin, dass spektakuläre Leistungen nicht mehr aus Mangel an Speicherkapazität verloren gehen können. Andererseits jedoch wurde der besonderen Herausforderung ein Ende gemacht, die in jenem Winter mein letzter Anreiz auf dem Paragon war.

Der Highscore stand, als ich den Spielsalon zum ersten Mal betrat, auf etwa 950 000 Punkten. Dieser Wert empfing mich jeden Nachmittag aufs Neue, tiefer als alles andere ins Gedächtnis des Flippers eingraviert (was sich auch daran zeigte, dass der Highscore – im Gegensatz zu den laufenden Spielergebnissen – jeden Stromausfall überstand). Mit der Zeit schraubte ich ihn hoch, bis auf 987 000 oder 992 000, doch jedes Mal, wenn ich in den prekären Bereich der letzten sieben-, achttausend Punkte kam, verließ mich der Mut, und ich beendete das Spiel mit einem freiwilligen Tilt. Es war wie später beim Tanken, wenn ich an der Zapfsäule einen Wert von genau zwanzig oder fünfzig Mark erreichen wollte und die letzten Benzintropfen mit dem größtmöglichen Feingefühl in den Tank zu füllen versuchte. Allerdings war es kein wirkliches Missgeschick, wenn dieses Unterfangen fehlschlug und die Säule am Ende doch zwei, drei Pfennige zu viel anzeigte – anders als bei den entscheidenden Spielen auf dem Paragon, da ein zu spätes Unterbrechen, ein versehentliches Treffen wichtiger Ziele bei gefährlich hohem Punktestand die verheerendsten Konsequenzen gehabt hätte.

Mein ganzer Ehrgeiz bestand ab einem gewissen Zeitpunkt in dem Versuch, an diesem Flipper das Unmögliche wahr zu machen und die Punkteskala an ihr äußerstes Ende zu treiben. Es gelang mir ausgerechnet am Silvesterabend, an einem Tag, dem ich mit Schrecken entgegensah, weil ich keine richtige Einladung zu einer Party bekommen hatte. Die meisten Freunde verbrachten den Jahreswechsel beim Skifahren. Zu meinen Eltern, die mit einem anderen Ehepaar feierten, wollte ich nicht gehen, und die einzige Veranstaltung, von der ich wusste, war ein Treffen einiger loser Bekannter, auf dem ich allenfalls kurz vor Mitternacht auftauchen wollte. Es war vielleicht neun oder halb zehn Uhr abends, als ich in den spärlich gefüllten Spielsalon ging, der erstaunlicherweise an diesem Abend geöffnet hatte. Auch der Paragon konnte mich zunächst nicht aufheitern; es kam mir nun sogar wie ein Indiz meines Alleinseins vor, dass ich das Gerät wie im Schlaf beherrschte und mit der gewohnten Strategie die ersten Specials holte. Mit jedem klopfenden Freispiel-Geräusch fühlte ich mich noch einsamer, vielleicht deshalb, weil es so ähnlich klang wie jene verfrühten Silvesterraketen, die draußen auf der Straße abgebrannt wurden. Alleine vor dem Apparat zündete ich mein eigenes Feuerwerk, mit einer Palette an bunten Lichtern, die es mit denen am Himmel hätten aufnehmen können.

So teilnahmslos hatte ich während der ersten Kugeln vor mich hingeflippert, dass mir erst spät auffiel, wie nahe ich dem bedrohlichen Bereich schon gekommen war. Das Display zeigte 800 000 Punkte an, 900 000, und ich spielte, ohne zu zögern, weiter. Die dumpfe Atmosphäre dieses Abends, das Gefühl der Verlassenheit sorgten in mir für einen ungewöhnlichen Wagemut. Plötzlich legte ich es sogar darauf an, den Apparat zu überdrehen und das große Ziel zu verpassen, zielte bei einem Stand von mehr als 940 000 noch einmal auf das

Auffangloch am Ende des Kanals, was einen gefährlich hohen Punktgewinn bewirkte; der Ball kam wieder herab und hüpfte von Schlagturm zu Schlagturm, die Anzeige kam gar nicht nach mit dem Zählen; noch ein scharfer Schuss durch den Spinner, ein letztes Abräumen der Target-Bank, bevor die Kugel schließlich auf dem linken Schläger zur Ruhe kam. Tatsächlich: Das Display zeigte den unglaublichen Wert von 998700 an. Noch ein einziger Schuss auf eines der rechten Targets, das tausend Punkte bringen würde … Ich riskierte alles, traf, versetzte dem Gerät noch im selben Moment einen kräftigen Stoß, der alle weiteren Zählungen lähmte, und hatte es geschafft: 999700, ein Wert, der im Grunde nicht mehr überboten werden konnte. Ich tiltete auch alle meine restlichen Kugeln, registrierte mit Genugtuung die drei Freispiele für den neuen Highscore und sah mir den blinkenden Wert auf dem Display noch einige Minuten lang an. Es war ein besonderes Schauspiel, weil sich auf der Anzeige normalerweise das Ergebnis der letzten Partie mit dem Highscore abwechselte. Jetzt, für einen unwiederholbaren Moment, leuchtete immer dieselbe Zahl auf. Es war kurz vor Mitternacht, als ich zu meinen Bekannten aufbrach. Das Gefühl des Alleinseins war zwar nicht verschwunden, aber von einer nervösen Hochstimmung überlagert. Auf dem Paragon spielte ich im neuen Jahr kein einziges Mal mehr; ich kam nur noch eine Zeit lang regelmäßig vorbei, um nachzusehen, ob mein Highscore weiterhin Bestand hatte.

6. Earthshaker

Dass das Flippern eine einsame Tätigkeit sein konnte, wurde lange vom Spielaufbau vorgegeben. Die Maschinen waren fast immer nur für einen Spieler konzipiert; vier Punkteanzeigen, von Gottlieb 1954 mit dem Slogan »It's more fun to compete« testweise eingeführt, setzten sich erst im Lauf der siebziger Jahre als Standard durch. Der Einzelgänger am Automaten erschien als technische Realität, die Vorgaben erschwerten es, das Gerät zu einem Ort der Begegnung zu machen, und vielleicht haben diese Bedingungen das Auftauchen der Außenseiter und Sonderlinge am Flipper in den Darstellungen der Literatur und des Kinos begünstigt. Tommy, der blinde, taubstumme »Pinball Wizard« von The Who, ist der bekannteste. Aber auch in vielen Romanen dieser Zeit steht ein einsames Flipperass im Zentrum. Der Musikkritiker Nik Cohn, der Pete Townsend dazu inspiriert hat, die Heilung des traumatisierten Tommy Walker an seine Begabung fürs Flippern zu binden, schrieb 1970 den Fantasyroman *Arfur*, in dem ein 14-jähriges elternloses Mädchen in einem Bergdorf voller Spielsalons lebt. In Adolf Muschgs Roman *Mitgespielt* von 1969 wiederum verbringt der Schüler Andres seine Zeit, wie es einmal heißt, vorwiegend in der »Öde« einer Zürcher

Flipperhalle. »War es heute nötig, in den Spielsalon zu gehen, die Daumen auf das schmierige Holz zu stützen und auf den Knopf zu drücken, bis seine Finger ein bisschen flatterten? War es nötig, die Augen aufzuputschen, bis sie dem Kurs des Kügelchens folgten, als wäre es der Kurs des Heils?« Das Geräusch des Freispiels wird als »stumpfsinnig befremdender Klopfer« beschrieben.

Tatsächlich spürte ich immer dann eine besonders starke Verbindung zu den Maschinen, wenn ich sie im Gefühl des Alleinseins aufsuchte. Der Centaur in der Großgaststätte an der Theresienwiese, an dem ich nach der verhassten Gitarrenstunde flipperte, in einem abgelegenen Kellerraum – je fremder ich mich in dem Stadtteil fühlte, je zäher die Nachmittagsstunden verrannen, desto mehr wuchs mein Ehrgeiz, die verschiedenen Multiball-Optionen auf dem schwarz-weiß-roten Spielfeld auszulösen und mit drei, vier, sogar fünf Kugeln zu spielen. Der Taxi in einer Kneipe des Universitätsviertels zu Beginn des Studiums, der mir über die Langeweile mancher Vorlesungen und die beklemmende Atmosphäre in der Germanistik-Cafeteria hinweghalf. Im Winter nach dem Fall der Mauer zog ich für ein paar Wochen nach Berlin, in die Schöneberger Wohnung einer verreisten Freundin, um den östlichen Teil der Stadt zu erkunden. Doch meine Neugier auf die Straßenzüge mit den verfallenden, nach Kohle riechenden Häusern hielt im ewigen Schneeregen nur zwei oder drei Tage an, und ich blieb fortan im Westen. Die

Stadt zerfloss mir vor Weite; es gelang mir nicht, sie wie München als Ganzes zu fassen.

Auf dem Kurfürstendamm, den ich jeden Vormittag entlanglief, weil mir dort zumindest die Logos der Kleidergeschäfte und Fast-Food-Ketten vertraut waren, entdeckte ich irgendwann einen großen, zweistöckigen Merkur-Spielsalon, mit der lachenden gelben Sonne an der Fassade. Diese Halle wurde mein Zufluchtsort. Dort standen die neuesten Flippermodelle, die ich bis dahin noch nie gesehen hatte; Geräte namens Bad Cats, Police Force, Mousin' Around!, Earthshaker oder Whirlwind, deren Spielfelder aus einer nicht zu überblickenden Fülle von Lämpchen und Rampen bestanden. Ich warf eine Münze in den Earthshaker, zog die Kugel ab, und meine Hände an den Knöpfen kontrollierten nicht nur die Schläger, sondern gaben auch mir selbst Halt. Obwohl das Ziel beim Earthshaker war, ein Erdbeben auszulösen und die Maschine zum Vibrieren zu bringen, fühlte ich mich zum ersten Mal in Berlin halbwegs ruhig und geborgen. Die Tristesse dieser Szene war mir völlig bewusst: Um mich herum wurde in der wiedervereinigten Stadt gerade Geschichte geschrieben, die eine Hälfte voller euphorischer Neuankömmlinge, die andere nach dreißig Jahren wieder frei zugänglich für westdeutsche Besucher wie mich, und ich klammerte mich an einen Automaten, um das Alleinsein besser auszuhalten.

Jedes Mal, wenn ich in den Wochen darauf den Spielsalon betrat, stand eine eigentümliche, leicht gebeugte Gestalt an den Geräten, ein Mann schwer bestimmbaren Alters, der besser flipperte als alle Spieler, die mir bis dahin begegnet waren. Er hatte seine Haare zu einem Pferdeschwanz gebunden, trug eine dunkel getönte Brille und gepolsterte Handschuhe aus Kunststoff, vermutlich um seine Gelenke zu schonen oder aus Angst vor Krankheitskeimen an den viel benutzten Maschinen. Im Lauf der Zeit hatte ich festgestellt, dass alle Highscores auf den über die beiden Etagen verteilten Flippern von demselben Spieler stammten. »ISA« lauteten die immer gleichen Initialen, die auf den Displays der Apparate in Endlosschleife angezeigt wurden. (Seit Mitte der achtziger Jahre war diese persönliche Kennzeichnung der besten Spielergebnisse auf den Flippern möglich.) Als ich dem sonderbaren Könner eines Vormittags dabei zusah, wie er am Earthshaker einen Multiball nach dem anderen auslöste und die Punktzahl ins Unermessliche steigen ließ – schweigsam, routiniert, wie ein Sachbearbeiter des Flipperns –, tippte er am Ende auch an dieser Maschine die bekannten Buchstaben ein. Er war also »ISA«.

Als der Mann mit der Eingabe fertig war, die sich ohne erkennbares Hochgefühl vollzog (nicht einmal beim Ertönen der drei Freispiele für den Highscore hellte sich seine Miene auf), nahm ich meinen Mut zusammen und sprach ihn an. Ich sagte ihm, dass ich seine Spielkünste bewunderte und wie spektakulär es sei, dass er nun bei allen Maschinen an der Spitze stehe. Ich stellte mich kurz vor und hoffte, dass er mir auch seinen Vornamen sagen würde. Er sah mich aber nur an, als hätte ich eine Übertretung begangen, und verließ wortlos die Halle. In diesem Moment kam ein anderer Spieler auf mich zu, der meine Worte mit angehört hatte. »›ISA‹ ist die Kurzform von Isabelle«, sagte er und erzählte von der stillen, nie erwiderten Liebe des Flippervirtuosen zu der Frau, die einen Sommer lang in der Spielhalle gearbeitet hatte und eines Tages ohne jede Ankündigung verschwunden war. Seitdem stand er an den Maschinen und trieb die Highscores stoisch in die Höhe, um mit der unerreichbaren Frau jedes Mal, wenn er seine Rekorde mit ihrem Namen signierte, für einen Augenblick verbunden zu sein.

7. Taxi

Die Frauen in meinem Bekanntenkreis konnten dem Flippern nichts abgewinnen. An den Apparaten versuchten nur männliche Spieler ihr Glück, alleine oder in Gruppen, und wenn einer seine Freundin oder Begleiterin doch einmal zum Mitspielen überredete, sah man ihr das Unbehagen an. Sie stand dann teilnahmslos vor dem Gerät, tippte nur ganz flüchtig auf die Knöpfe, so als wollte sie sich die Finger nicht schmutzig machen, und wenn die Kugel rasch ins Aus ging, wandte sie sich sofort ab, mit einem Gesichtsausdruck, der besagen sollte: »Ich hab dir doch gleich gesagt, dass ich das nicht kann.«

In meinem ganzen Flipperleben – von den ersten Versuchen im Pullacher über die Streifzüge mit Stefan bis zu den langen Nachmittagen vor dem Paragon am Ende der Schulzeit – war ich keinem einzigen Mädchen, keiner einzigen Frau begegnet, die Interesse oder gar Leidenschaft für die Maschinen aufgebracht hätte. Ich konnte es daher kaum glauben, als mir Emily, die wie ich nebenher in einer Flüchtlingsunterkunft arbeitete, während einer unserer ersten Schichten erzählte, dass sie mit 14 »flippersüchtig« gewesen sei; ihr Vater habe sie damals sogar mit einem Monat Hausarrest bestraft, nachdem herausgekommen war, dass sie den Nachmittag immer mit ein paar älteren Freunden in einer Spielhalle am Olympiastadion verbrachte. Die Begeisterung für das Flippern passte zu Emily, deren abgebrühte, souveräne Art mir imponierte. Sie war schon kurz vor dem Abitur von zu Hause ausgezogen und veranstaltete seit Jahren Punk-Konzerte in einem Jugendzentrum. In unsere Nachtschichten brachte sie immer zwei Flaschen Bier mit, die wir in der Pförtnerloge tranken, bevor wir, was eigentlich streng verboten war, zwei Matratzen unter den Bürotisch legten und ein paar Stunden schliefen.

Als Emily und ich uns zum ersten Mal verabredeten, schlug ich deshalb vor, gemeinsam flippern zu gehen. In einer Studentenkneipe im Universitätsviertel stand ein Gerät, an dem ich zu Beginn meines Studiums viel Zeit verbracht hatte. Das Lokal selbst war eher unangenehm: träge Langzeitstudenten, die vor ihrem Weißbier saßen; der penetrante Geruch von überbackenen Schinkennudeln, der sich in den Räumen seit Jahrzehnten festgesetzt hatte. Aber in einer Nische hinten stand der Taxi von Williams, der zuverlässig funktionierte und so gut wie nie besetzt war. Auch wenn ich es selbst ein wenig kindisch fand: Ich wollte mit Emily an einem Flipper spielen, den ich gut kannte. Anders als in dem Lied in Godards *Masculin – Feminin*, in dem Chantal Goya ihren Begleiter warnt, dass »du mein Herz verloren hast, wenn du im Flippern gewinnst«, war ich davon überzeugt, dass ich meine Arbeitskollegin eher mit einer möglichst beeindruckenden Leistung am Taxi für mich einnehmen könnte.

Emily flipperte tatsächlich sehr gut. Schon an der Art, wie sie sich vor dem Gerät in Position brachte und die Kugel abzog, war zu erkennen, dass hier eine geübte Spielerin ans Werk ging. Die wenigen Frauen, die ich bislang flippern gesehen hatte, waren immer viel zu dicht am Apparat gestanden, so dass sie sich von vornherein des nötigen Bewegungs- und Handlungsspielraums beraubten; man hatte höchstens den Eindruck, dass sie den Flipper umarmen und damit zu ihren Gunsten beeinflussen wollten. Emily dagegen ließ genügend Abstand zwischen sich und der Maschine und stellte sogar, untrügliches Zeichen der Könnerschaft, ein Bein vor das andere.

Der Taxi von 1988 war ein Gerät, das eine besonders kontrollierte und vorausschauende Spielweise ermöglichte. Ziel war es, durch das Treffen bestimmter Bahnen, Target-Reihen und Auffanglöcher fünf Passagiere einzusammeln: Dracula, Santa Claus, Marilyn Monroe, Gorbatschow und Pin Bot, Titelfigur eines zwei Jahre zuvor hergestellten, beliebten Williams-Flippers und meines Wissens das erste Zitat eines anderen Geräts auf einem Spielfeld. (Auf dem Höhepunkt der Postmoderne trat auch die Flippergestaltung ins Zeitalter der Selbstreferenz ein.) Kurz nach der Auslieferung der ersten Maschinen setzte ein Gerichtsurteil jedoch fest, dass das Bild Marilyn Monroes aus urheberrechtlichen

Gründen nicht auf dem Flipper erscheinen durfte; es wurde durch eine dunkelgelockte Platzhalterin namens Lola ersetzt, was den wenigen bis dahin produzierten Exemplaren einen hohen Sammlerwert bescherte.

Mir waren die Abläufe auf diesem Flipper nach zahllosen Spielen, mittags zwischen zwei Seminaren oder nach dem Ende der letzten Vorlesung, fast im Schlaf vertraut. Wenn man alle Ziele musterhaft traf, ließ sich auf dem Taxi innerhalb von zwei Minuten der Jackpot und damit das sichere Freispiel holen. Ich erklärte Emily vor ihrem ersten Ball die wichtigsten Schüsse, und sie begann zu spielen, ruhig, überlegt, obwohl ihr, wie sie mir vorher gesagt hatte, der Flipper völlig fremd war. Am Ende der ersten Kugel hatte sie drei von fünf Passagieren eingesammelt und ein respektables Ergebnis von mehreren hunderttausend Punkten erzielt. Dann kam ich an die Reihe, trotz meiner Routine an dem Gerät ziemlich aufgeregt, und es geschah das Fürchterliche: Die Kugel fiel nach dem Abschuss und ein paar Kontakten mit den Schlagtürmen schnurgerade das Feld hinab, unhaltbar durch die Mitte ins Aus. Ich hatte 12 000 Punkte.

Emily lachte: »So ein übermächtiger Gegner bist du jetzt aber auch nicht.« Sie spielte ihre zweite Kugel, ebenso konzentriert; mit der dritten aktivierte sie sogar den Multiball und war auf einem guten Weg zum Freispiel, als etwas eintrat, das ich bei einer Frau am Flipper noch nie gesehen hatte: Als die Kugel ins Seitenaus zu gehen drohte, schüttelte Emily den Apparat plötzlich heftig, um sie im Spiel zu halten, und es wäre ihr auch gelungen, wenn der letzte Stoß nicht zu stark gewesen wäre. Tilt. Die Schläger streikten und ihr Kugelbonus verfiel, was Emily für einen Moment in Rage brachte. Aber für ihren Gegner an diesem Abend reichte diese Leistung mühelos. Denn ich verkrampfte nach der misslungenen ersten Kugel komplett, musste voller Scham auch die zweite nach wenigen Schlägen verloren geben und konnte mich mit der dritten, mit der ich zumindest den Jackpot beleuchtete, nur noch halbwegs rehabilitieren. Emily hatte das erste Spiel gewonnen und prostete mir beim Anblick der Punktzahlen auf dem Display mit einem leicht spöttischen Lächeln zu.

Der Ernst, mit dem wir bei der Sache waren, schuf an diesem Abend eine tiefe Vertrautheit zwischen uns, weshalb ich es später nie fassen konnte, wenn ich im Kino sah, mit welcher Gleichgültigkeit Paare gemeinsam flipperten. Schon in den Nouvelle-Vague-Filmen gibt es Szenen, in denen ein Junge und ein Mädchen, die sich kaum kennen und vielleicht zum ersten Mal miteinander ausgehen, irgendwann an einem Gerät in der Ecke eines Pariser Bistros stehen und gelangweilt die Knöpfe drücken, ohne richtig hinzusehen. Wie war diese Haltung mit Truffauts berühmter Aussage über die Bedeutung der Flipper für die jungen Regisseure zu vereinen? Auf die Spitze getrieben wurde die Indifferenz dann aber 1995 in *Before Sunrise* von Richard Linklater. Céline und Jesse (das von Julie Delpy und Ethan

Hawke gespielte Paar), die sich wenige Stunden zuvor im Zug begegnet sind, landen auf ihren Wegen durch das nächtliche Wien auch in einer Bar, in der sie gemeinsam flippern. Sie beginnen einander während des Spielens möglichst beiläufig über ihr Leben in Paris und Amerika auszuhorchen, und es ist klar, welche Rolle dem Apparat in der Szene zukommt: Der Flipper dient nur als Hilfsmittel, als Zerstreuungsinstrument, um in dieser flirrenden Nacht zum ersten Mal verbindlicher zu werden und mehr über das Leben des anderen zu erfahren.

Dennoch erschien es mir unzulänglich, wie sich die beiden in dem Film an der Maschine verhielten (einem älteren Modell, dem Space Riders von Atari). Céline und Jesse spielten immer nur ganz kurz, ohne jede Motivation, und wechselten sich rasch ab, wie zwei Passanten, die an einem Geld- oder Fahrkartenautomaten anstehen. Sie hatten auch jeweils fünf Kugeln zur Verfügung, was an den in Europa aufgestellten Flippern seit Jahrzehnten nicht mehr vorkam und die mangelnde Sorgfalt des Films im Umgang mit dem Apparat unterstrich. Von Bedeutung waren in dieser minutenlangen Szene allein die Dialoge. Bei Jesses letztem Ball, der etwas besser lief, kam es dann zu einem nahezu infamen Moment: Beim Reden über seine ehemalige Freundin nahm Jesse plötzlich die rechte Hand vom Knopf, um mit ihr zu gestikulieren, und zwar, *während er noch spielte.* Ich hatte im Kinosaal das Bedürfnis, in die Szene hineinzuspringen und die Kugel zu retten. So flipperte niemand, der eine Frau für sich gewinnen wollte! Wer hätte das besser gewusst als ich?

In der Studentenkneipe damals blieben meine Flipperkünste allerdings beschämend. Ich erreichte meine Normalform den ganzen Abend lang nicht mehr und holte auch kein einziges Freispiel. Emily schien mich aber, wie ich erleichtert zu bemerken glaubte, nicht für einen Aufschneider zu halten. Nachdem wir ein oder zwei Fünf-Mark-Stücke investiert hatten (ein Budget, das ich am Taxi sonst nie benötigte), rückte das Flippern mehr und mehr in den Hintergrund; wir machten immer längere Pausen zwischen den Kugeln und unterhielten uns lieber über die Bands, die wir gerade mochten, Fugazi, Lemonheads und No Means No, oder über die Unterschiede zwischen dem Süden und dem Norden Münchens (wir waren an den entgegengesetzten Enden der U6 aufgewachsen). Gegen elf brachen wir in Emilys altem Audi zu unserer gemeinsamen Schicht auf. In dieser Nacht legten wir zum ersten Mal nur eine Matratze unter den Bürotisch.

8. Star Trek: The Next Generation

Wenn Emily und ich Urlaub am Meer machten, galt unser erster Spaziergang durch den Ferienort der Suche nach einem Spielsalon. Die Tage waren dann wie eingerahmt vom Flippern: Morgens, auf dem Weg zum Strand, spielten wir in der noch leeren Halle ein paar Runden, und vor dem Abendessen blieben wir länger und versuchten, eines der Geräte systematisch in den Griff zu bekommen. (Wenn wir eine Rechnung offen hatten mit dem Apparat, konnte es sogar passieren, dass wir nach dem Essen noch einmal zurückkehrten.)

In fast allen Küstenorten am Mittelmeer oder am Atlantik gab es eine große Spielhalle, mit Miniaturpferden für Kinder vor dem Eingang, Kicker- und Air-Hockey-Tischen in der Mitte des Raums, zahllosen Videospielen, die für einen konstant hohen Lautstärkepegel sorgten, und einer Reihe Flipperautomaten, die, einem strikten Gesetz folgend, immer an einer der beiden Längsseiten aufgestellt waren. Wenn wir in einer solchen Halle zum ersten Mal die Wand mit den sechs oder acht eng beieinanderstehenden Geräten entdeckten, war die Freude jedes Mal groß: Ein Indiana Jones, ein Terminator 2, ein World Cup Soccer, sogar noch ein alter Eight Ball Deluxe! Gleichzeitig wusste ich, dass ich meine Euphorie beim Überfliegen der Flipperscheiben zügeln musste. Denn es war an diesen Orten immer damit zu rechnen, dass ein Teil der Geräte nur eingeschränkt oder fast überhaupt nicht funktionierte.

Zu Hause, in den Spielhallen der Großstadt, wurden die Flipper regelmäßig überholt; mit dem Aufstellen fehlerhafter Maschinen hätten die Läden zwangsläufig ihre Stammkunden verloren. In den Ferienorten war das anders. Offenbar kalkulierten die Betreiber damit, dass ihr Spielsalon der einzige in weitem Umkreis war und sich an ein Publikum richtete, das ohnehin nur ein paar Tage, höchstens zwei Wochen bleiben würde. Die Nachlässigkeit bei der Pflege der Maschinen hatte also kaum Einfluss auf das Geschäft. Schon auf den ersten Blick erkannten Emily und ich den erbärmlichen Zustand mancher Apparate. Die Farben des Spielfeldes waren abgewetzt, und man sah, dass zahlreiche Lämpchen unbeleuchtet blieben oder die Zielscheiben sich nicht mehr aufrichteten. Von der Siebener-Reihe Drop Targets beim Eight Ball Deluxe standen nur noch zwei – ein Anblick, so trostlos wie das lückenhafte Gebiss eines Mannes, der sich aufgegeben hat.

Immer konnte es in diesen Spielhallen auch geschehen, dass das Geldstück, das man vorne in den Münzschlitz steckte, durch den Behälter hindurchfiel und in dem kleinen Rückgabefach landete. Dieses Geräusch war am Flipper besonders deprimierend: Voller Vorfreude warf ich eine Münze ein und erwartete, dass unsere Spiele registriert wurden, doch der ein wenig zu hohle, ein wenig zu dünne Laut signalisierte uns sofort, dass etwas nicht stimmte. Ich fischte das Geldstück heraus, versuchte es ein zweites Mal vergeblich, und weil nur selten ein Mitarbeiter anwesend war, den man um Hilfe hätte bitten können, begann ich irgendwann jene okkulte Technik anzuwenden, die sich zwar oft bewährt hat, deren Wirksamkeit aber niemals physikalisch nachgewiesen worden ist. Ich rieb den Rand des Geldstücks ein paar Mal am Münzbehälter, um es griffiger zu machen – und tatsächlich: Nach einigen Versuchen hörten wir auf einmal einen anderen, verheißungsvollen Laut, weicher, gedämpfter, so als hätte der Bauch des Flippers etwas geschluckt. Unser Guthaben wurde nun angezeigt. (Es trat an diesen Maschinen oft auch eine andere, ebenso ärgerliche Störung auf: wenn das Geldstück nicht durchfiel, sondern oben im Münzkanal stecken blieb, und auch der kleine Eisenstift, den man in einem solchen Fall drücken sollte – das Sinnbild einer überflüssigen Vorrichtung –, seinen Dienst wie gewohnt versagte. Mit etwas Glück führten ein paar Stöße mit dem Handballen dazu, dass sich die Blockade löste, in einer Art umgekehrtem Tilt. Doch oft genug geschah es, dass weder das immer heftigere Stoßen noch, ganz am Ende, ein frustrierter Tritt etwas ausrichteten und man den Apparat für den Rest des Tages oder sogar des gesamten Urlaubs verloren geben musste.)

Vermutlich wurde der ernüchternde Eindruck auch dadurch verstärkt, dass Emily und ich immer weit nach der regulären Urlaubszeit verreisten, im späten September oder Oktober, und die Flipper also schon eine ganze Saison lang in ständigem Gebrauch gewesen sein mussten. Sie wirkten ausgemergelt, stumpf, manchmal auch richtiggehend malträtiert von den klebrigen Spuren verschütteter Getränke und den brennenden Zigaretten, die die Gäste Abend für Abend auf die Glasscheibe legten, obwohl es an der Seite, neben den Knöpfen, jene kleinen angeschraubten Behälter gab, die wohl nur für das Rauchen am Flipper erfunden worden sind. An manchen ascheverschmierten Stellen vorne bei den Schlägern war die Scheibe so matt, dass man Mühe hatte, dem Lauf der Kugel zu folgen. (In Roger Sharpes und James Hamiltons *Pinball!* von 1977, dem besten je erschienenen Flipperbuch, ist die Nahaufnahme eines alten Gottlieb-Kastens zu sehen – die Scheibe übersät mit Bierdosen, Kippen, Zigarettenschachteln, Streichholzbriefchen und Feuerzeugen –, in der diese Intensität des Gebrauchs für alle Zeiten festgehalten ist.) Wenn wir nach einem Tag am Strand in den Spielsalon kamen, erinnerte uns die spröde Beschaffenheit der Flipper ein wenig an unser eigenes Körpergefühl, an die trockene, von Sandkörnern aufgeraute Haut und das ausgeblichene Haar, so als wären auch die Maschinen dem permanenten Einfluss von Sonne und Meer ausgesetzt, obwohl sie in einer abgedunkelten Halle standen.

Ihrem schlechten Zustand zum Trotz sind mir die Flipper, an denen Emily und ich auf unseren Reisen spielten, in besonderer Erinnerung geblieben, vor allem der Star Trek: The Next Generation von Williams, den wir in einem Fischerdorf auf den Kanarischen Inseln entdeckten. Das Gerät stand in einem Spielsalon an der Hauptstraße, auf dem Weg zwischen unserer kleinen Pension und dem Privatstrand eines Luxushotels, in das wir uns einschmuggelten, um am Pool zu liegen und Cocktails zu bestellen. Der Star Trek von 1993 galt in Design und Spielaufbau als aufwendigster Flipper, der bis dahin produziert worden war. Auf dem überbreiten Feld gab es eine Unmenge verschiedenfarbiger Pfeile, die auf Rampen, Schächte und Spiralen wiesen und ein komplexes System von Aufgaben auslösten, nach dem Vorbild der Weltraum-Serie »Missionen« genannt. Emily und ich hatten in einer Münchner Bar schon einige Male an dem Flipper gespielt, die Abläufe aber nur halbwegs überblickt. Jetzt standen wir vor dem blassen Exemplar des Spielsalons und nahmen uns vor, das Gerät im Lauf des Urlaubs besser kennenzulernen.

Gleich mit der ersten Kugel wurde jedoch deutlich, dass der äußeren Verschlissenheit des Flippers eine innere entsprach. Alles an dem Apparat war ausgeleiert und entkräftet: der Abzug in Form eines Laserschwerts, der den Ball kaum hinauf aufs Feld brachte; die Schächte am Rand der Spielfläche, in denen die Kugel oft eine halbe Ewigkeit stecken blieb, weil der Mechanismus, der sie wieder nach oben katapultieren sollte, seine Spannkraft verloren hatte (man hörte dann alle paar Sekunden ein Ächzen im Innern der Maschine, den wiederholten, zunehmend verzweifelt klingenden Versuch des Apparats, die Funktion doch noch in Gang zu setzen); schließlich die Flipperarme selbst, die zu elastisch waren und zentrale Schüsse des Spiels, entlang den Bahnen an der linken und rechten Seite, verkümmern ließen. Emily und ich passten unsere Strategie aber instinktiv dem Zustand des Flippers an, lernten, um seine Defekte herumzuspielen, und holten trotz der widrigen Umstände sogar einige Freispiele.

Es ist merkwürdig, dass mir die Flipper in Spielhallen auf Urlaubsreisen reizvoller erschienen als ein einzelner Apparat in einer Bar oder Kneipe. Denn zu Hause war es genau umgekehrt. Die prägenden Maschinen in der eigenen Stadt standen fast immer in Lokalen. In den Spielsalons rund um den Hauptbahnhof konnte ich mich selten konzentrieren. Von allen Seiten kam zu viel Ablenkung, zu viel Lärm; die Geräusche der verschiedenen Automaten übertönten einander, wie in einer Fußgängerzone mit zu vielen Straßenmusikern. Zudem war es beim ersten Nachlassen des Reizes, beim ersten Anflug einer Enttäuschung sofort möglich, den Flipper zu wechseln; das vielfältige Angebot an diesen Orten förderte eine nervöse Promiskuität im Umgang mit den Maschinen. Das Verhältnis zu einem einzelnen Flipper in der Kneipe dagegen entwickelte sich langsam und stetig. Abend für Abend lernte man das Temperament und die Launen des Apparats besser einzuschätzen und ließ sich auch von vorübergehenden Krisen – drei, vier missglückten Spielen hintereinander – nicht entmutigen.

Unter Flipperspielern ist die Frage, welcher Standort der Geräte vorzuziehen sei, die *amusement arcade* oder das Lokal, immer wieder erörtert worden. Eine radikale Position vertritt der italienische Philosoph Paolo Virno, der den Umzug der Flipper von den Bars und Cafés in die Spielhallen, wie er sich in Italien um 1980 ereignet haben muss (viel konsequenter als in Deutschland, wo beide Standorte stets parallel existierten), als erstes Zeichen ihres bevorstehenden Todes deutet. Er geißelt den Akt der Domestizierung, der die Apparate aus »ihrem natürlichen Habitat der Bars« vertrieben und in ghettoartige »Spezialorte« verfrachtet habe, in denen sie zusammengepfercht dahinvegetieren würden wie eingefangene Glühwürmchen unter einer Glasglocke im Zoo. Für diejenigen, deren Flipperleben erst in dieser Zeit des Umbruchs begann, ist die Trauer Paolo Virnos, die er in einem kurzen Text über die »Epoche der Flipper« von 1991 formuliert, nicht mehr ganz nachzufühlen. Gewiss, die tiefe Verbundenheit mit einer Maschine, wie ich sie etwa am Harlem Globetrotters in der Gaststätte am Schlachthof empfand, konnte sich nur in einem Lokal einstellen, in dem kein halbes Dutzend Rivalinnen links und rechts den Spieler unentwegt abwerben will. Aber gerade in den Urlaubsorten am Meer kamen mir die schlichten, allein auf die Fülle der Automaten konzentrierten Spielhallen wie die rechtmäßige Heimat der Flipper vor – vielleicht weil ich selbst auf Reisen und ohne feste Behausung war. In den von Touristen bevölkerten, um einen kleinen historischen Kern herum aufgebauschten Ferienburgen war die Spielhalle ein stimmiges Refugium, ein Nicht-Ort am Nicht-Ort.

Im frühen 20. Jahrhundert wurde eine ästhetische Debatte geführt, die in manchem an das Problem des richtigen Flipperstandorts erinnert: die Frage, ob Kunstwerke eher unter ihresgleichen im Museum betrachtet werden sollten oder als Einzelstücke in privaten Häusern. Paul Valéry verfasste 1923 eine scharfe Polemik gegen das Museum als Schauplatz der Kunst; dort herrsche ein »kaltes Durcheinander«, »ein unerträglich quälendes Mosaik« aus Werken, von denen jedes einzelne »das Nichtvorhandensein aller anderen verlangt« und die sich »gerade dann am meisten feind sind, wenn sie sich am meisten gleichen«. Die Aura eines Kunstwerks, so Valéry, entfalte sich allein in hochkonzentrierter, von keinem benachbarten Werk gestörter Atmosphäre. Theodor Adorno hat dieser Position Valérys in einem Essay die fast zeitgleich entstandenen Bemerkungen Marcel Prousts über das Museum an die Seite gestellt. Auch Proust geht es um die Frage nach dem ablenkungsärmsten Ort der Kunstbetrachtung, doch er kommt zu dem genau entgegengesetzten Befund, dass das Museum die idealen Bedingungen für diese Art der Versenkung bieten würde. Frei von allem Interieur, frei von allen Spuren des alltäglichen Lebens, beuge dieser karge Raum einer unzulänglichen Vermischung der ausgestellten Kunstwerke mit der privaten Umgebung vor.

Kehrt Valérys Kritik des Museums nicht genau in Paolo Virnos Verachtung der Spielhalle wieder, die die Aura des einzelnen Flippers angesichts des »unerträglich quälenden Mosaiks« der Apparate bedrohe und zerstöre? Und könnte man in Prousts Parteinahme für den Museumsraum und seinem Hinweis, dass die Bürgerhäuser der Sammler das Kunstwerk durch ein Übermaß an äußeren Eindrücken irritieren, nicht genau jenes Problem erkennen, das sich beim Flippern in Bars und Kneipen oft stellt? Die einzelne Maschine kann ihre Sogkraft hier zwar ungeteilt entfalten, aber sie befindet sich an einem Ort, der in erster Linie für andere Zwecke vorgesehen ist: das Zusammenkommen von Menschen an Tischen und Tresen, ihre Unterhaltungen, ihre Getränke. Der Dämon der Flüchtigkeit, den Valéry und Virno im Akt der Bündelung erkennen, kann also auch durch die Umgebung der Einzelstücke erweckt werden. Wer in einer Spielhalle vor den Flippern steht, ohne Sitzgelegenheit, mit einer Bier- oder Coladose aus dem Getränkeautomaten, hat den Ort genau aus diesem Grund aufgesucht; das Verhältnis zu den Maschinen ist von einem Mindestmaß an Hingabe geprägt. In der Bar dagegen erscheint das Flippern oft als ungeplante Nebenbeschäftigung, als Animation zum Trinken und Reden oder, wie in dem Film *Before Sunrise*, sogar als bloßes Ablenkungsmanöver, um das Gespräch auf einen bestimmten Gegenstand zu bringen. Ethan Hawke wäre mit Julie Delpy in dieser Wiener Nacht niemals in eine Spielhalle gegangen.

Im Urlaub mit Emily gehörte das Flippern immer zu den festen Ritualen. Die Orte unserer Reisen sind in meiner Erinnerung für alle Zeiten an bestimmte Geräte gekoppelt, als wären es Doppelnamen – Rimini-Whirlwind, Corralejo-Star Trek, Podersdorf-Creature. Als ich lange nach unserer Trennung einmal durch Zufall in einem dieser Ferienorte haltmachte und von einer mysteriösen Kraft in die Spielhalle der Altstadt gelenkt wurde, vor die Wand mit den Flippern, die dort kaum verändert stand, warf ich eine Münze in ein Gerät und begann zu spielen. Nach den ersten Ballkontakten, den ersten missglückten Schüssen auf die Rampen, mit den immer noch schlecht eingestellten Schlägern, kehrte die schon überwunden geglaubte Sehnsucht nach ihr mit aller Macht zurück. Der Lauf der Kugel verschwamm vor meinen Augen; ich ließ sie wie ein Unbeteiligter ins Aus rollen und verließ die Halle mitten im Spiel.

9. Game Over

Der Flipper ist seit einem Vierteljahrhundert verschwunden, doch seine Krise setzte schon viel früher ein, im Jahr 1982. Als die Popularität der neuen elektronischen Modelle von Bally und Williams gerade ihren Höhepunkt erreichte, tauchte in den *amusement arcades* ein bald übermächtiger Gegner auf: das Videospiel. Space Invaders wurde 1978 auf den Markt gebracht, Asteroids 1979, Pac-Man 1980, und die vor allem aus Japan stammenden Spiele begannen die bildschirmlosen Kästen aus Stahl und Glas rasch zu verdrängen. »Ist der gute alte Flipper tot?«, fragte die Zeitschrift *Automaten Markt* im März 1982, und der Autor beschrieb diese Abdankung mit den Worten eines trauernden Monarchisten: »Eine Spielhalle nach der anderen mußte König Flipper räumen, und wo er früher mit 10 oder 20 Geräten das Feld beherrschte, knabbern heute nur noch ein oder zwei Vertreter ein nostalgisches Gnadenbrot.«

An den Flippermodellen, die in diesem Jahr in Chicago entwickelt wurden, war die ganze Verzweiflung der Hersteller abzulesen. Jedes Gerät sollte das erstarrende Spiel mit spektakulären Neuerungen wiederbeleben: Die Targets gaben, wie beim Spectrum von Bally, einen zu entschlüsselnden Farbcode vor; die Spielfläche bestand, wie beim Orbitor 1 von Stern, aus einer kraterartigen Mondlandschaft; oder die Schläger wurden, wie beim Varkon von Williams, gleich durch zwei Joysticks ersetzt, um den Flipper in ein horizontales Videospiel zu verwandeln. All diese Modelle waren kolossale Misserfolge, deren ohnehin schon geringe Produktion zum Großteil verschrottet werden musste. Niemand wollte beim Flippern über eine geheime Farbkombination nachdenken oder sich damit abmühen, die Kugel über ein hügeliges Feld zu manövrieren. Ich erinnere mich, dass ich den Orbitor 1 einmal im Eingangsfoyer eines Hallenbads entdeckte und zum ersten Mal in meinem Leben beinahe Überdruss verspürte, das Spiel zu Ende zu bringen. Die Kugel lief so holprig über die Kraterfläche wie ein Fußball über einen vereisten Platz am Ende des Winters. Während der deutsche Importeur von Stern die Hoffnung formulierte, der Orbitor 1 könnte den Flipper »durch eine wirkliche Revolution aus dem Dornröschenschlaf« wecken, beschleunigte dieses Modell in Wahrheit nur die Agonie der Branche. In einem Interview zwei Jahre später bezeichnete ein Bally-Manager 1982 als »Sterbejahr des Flippers«.

Wie drastisch die Beliebtheit des Spiels innerhalb weniger Jahre sank, lässt sich über die *International Pinball Database* heute genau rekonstruieren. Alle jemals hergestellten Flipper sind auf dieser Website nach Auslieferungstermin und Stückzahl verzeichnet, und wenn man die einzelnen Daten für die drei großen Unternehmen zusammenzählt, ergibt sich eine niederschmetternde Statistik. Bally erreichte den Gipfel seiner Produktionstätigkeit im Jahr 1978, mit über 86 000 Exemplaren. 1983 waren es nur noch 4706. Williams stellte 1979 knapp 60 000 Flipper her, 1983 ganze 4008; Gottlieb 1978 über 52 000, 1983 noch 6563. Innerhalb eines halben Jahrzehnts verwandelte sich ein omnipräsenter Spielautomat in ein Nischenvergnügen (und der angestammte Stellplatz der Geräte in den Bars und Kneipen entsprach nun auch ihrer zahlenmäßigen Verbreitung).

Ab 1986 erholte sich die Flipperindustrie zwar noch einmal von diesem Niedergang; mit dem High Speed von Williams begann eine sieben, acht Jahre lang währende Phase, in der einige Geräte, wie der Pin Bot, der Taxi, der Terminator 2, der Star Trek: The Next Generation oder der Indiana Jones, weite Verbreitung erlangten und der Addams Family 1992 sogar den legendären Eight Ball als Flipper mit der höchsten je erreichten Produktionszahl übertraf. Aber diese Popularität einzelner Automaten, mit zuvor unbekannten Elementen wie Jackpots oder Video Modes, konnte nicht verbergen, dass die Bedeutung der Flipper zurückging und die Geräte als Element des Stadtbildes nach und nach verschwanden. Die großen Hersteller produzierten nur noch zwei oder drei Modelle pro Jahr (anstelle der acht bis zwölf in den Siebzigern), Bally verkaufte seine Flippermarke 1988 an den großen Chicagoer Rivalen, und Gottlieb stellte die Produktion 1996 nach vielen Besitzerwechseln ebenfalls ein. Nur Williams stemmte sich dem Ende des Spiels, das mit dem Ende des 20. Jahrhunderts genau zusammenfiel, noch drei weitere dürre Jahre lang entgegen.

Als die Flipper ihre Dominanz in den *arcades* verloren, waren die zeitgenössischen Erklärungen einhellig: Die neuen Videospiele – lukrativer, robuster, näher an der von *Star Trek* und *Star Wars* geprägten Ästhetik des Weltraums – hatten die anachronistischen Maschinen übertrumpft. Von heute aus betrachtet, vierzig Jahre später, ist die Verdrängung der Flipper aus den Spielhallen aber nur eine kurze Episode in einem viel umfassenderen Prozess der Veränderung. Denn der Erfolg der Space-Invaders- und Pac-Man-Kästen hielt nur wenige Jahre an. Dann verschwanden auch sie, zusammen mit der Institution »Spielhalle« selbst. Flipper- und Videoautomaten erscheinen im Rückblick also nicht als jene großen Widersacher, die sie in den Jahren nach 1980 tatsächlich waren, sondern als leicht verzögerte Opfer derselben Entwicklung. Beide Maschinentypen fallen im ausgehenden 20. Jahrhundert aus einer Welt, deren Erneuerung vor allem zwei Bereiche betrifft: die Umformung des öffentlichen Raums und die Umformung der Arbeitswelt.

In den Fernsehserien der frühen achtziger Jahre gibt es eine typische Szene. Kommissar Schimanski, Major Kottan oder Helmut Dietls Monaco Franze betreten ein Lokal, weil sie rasch telefonieren müssen, und während ihnen die Wirtin den Weg zum Münztelefon im Durchgang zu den Toiletten weist, sieht man im Hintergrund den Flipper, die Jukebox, die Geld- und Videospielgeräte und den Zigarettenautomaten. An den Schauplätzen des öffentlichen Lebens kommen die Bereiche der technisch vermittelten Kommunikation, der Musik, des Spielens und Rauchens zusammen. Im letzten Vierteljahrhundert hat ein kleines Gerät in der Tasche jedes Menschen die meisten dieser Aufgaben übernommen, und die damit verbundene Umwandlung des öffentlichen Raums lässt sich am deutlichsten daran ablesen, dass ein ganzes Ensemble von Automaten überflüssig geworden ist. Inzwischen wird mit dem eigenen Minicomputer telefoniert, Musik gehört, gewettet und gespielt, und die klobigen Münzapparate von früher wurden entweder für den Privatgebrauch digitalisiert oder sie starben aus.

Videospiele sind dank der Heimkonsolen und Smartphones heute unvergleichlich präsenter als in Zeiten der *arcades*. Auch das Musikhören unterwegs hat sich von der Jukebox über Walkman und iPod zu Spotify immer stärker ausgebreitet. Der Flipper dagegen ließ sich nicht ohne Weiteres in komprimierte Daten umwandeln; keines der »Virtual Pinball«-Experimente auf den PCs und Mobiltelefonen hat sich beim Publikum durchgesetzt. Offenbar sind die Materialität der Schläger und Schlagtürme, der von Schwerkraft und körperlichem Einsatz abhängige Lauf der Kugel unabdingbare Faktoren. Das Ereignis des Flipperns erfordert die Präsenz des Kastens; der Apparat *ist* das Spiel. Und diese raumgreifende, kostspielige Einheit musste in Zeiten der Miniaturisierung und Virtualisierung von Automatenspielen untergehen. (Ähnliches gilt für die Verbannung der Zigaretten aus dem öffentlichen Raum. Ihre Gesundheitsschädlichkeit ist womöglich das weniger gewichtige Argument als die Unmöglichkeit ihrer Digitalisierung. Könnte man mit dem iPhone rauchen, wäre es vermutlich noch überall erlaubt.)

Doch es liegt nicht nur am Siegeszug neuer Medien, dass die Flipper in Vergessenheit geraten sind. Ebenso stark wurde ihr Niedergang von den Veränderungen der Arbeitswelt seit den achtziger Jahren beschleunigt. Diese Verbindung wird deutlich, wenn man sich die Perspektiven und Tonlagen in Erinnerung ruft, mit denen in der Hochphase der Flipper das Spiel beschrieben und gesellschaftlich eingeordnet wurde. Als sich die Geräte in Deutschland im Stadtbild etablierten, waren sie rasch ein beliebter Gegenstand der sozialkritischen Analyse. Am Beginn dieser Kritik stand dabei immer die Einbettung des Flipperns in die fremdbestimmte Existenz des Arbeiters, die Analogie zwischen dem Spielautomaten und der Industriemaschine. Eine ZDF-Reportage von 1973 über eine Spielhalle in Essen trägt diese Assoziation schon im suggestiven Titel: »Macht Flippern frei?«

Vor einer imposanten Reihe elektromechanischer Apparate stehen langhaarige, bärtige Männer, die wie Anfang dreißig aussehen, im Film aber als 18-, 19-jährige Arbeiter aus Zechen und Fabriken vorgestellt werden. Die Kamera gleitet über Spielfelder, Motivscheiben und die gebeugten Rücken der Spieler, und ein unsichtbarer Sprecher stellt diese Szenen in einen größeren ökonomischen Zusammenhang: »Die auszuführenden Handbewegungen, die geforderte Leistung und die notwendige Reaktionsschnelligkeit haben ihre Parallelen in den industriellen Fertigungsprozessen.« An einer Stelle geht der Film sogar dazu über, die Bilder der Flipperspieler mit Bildern von Arbeitern am Fließband zu überblenden: »Die Spiele an den Freizeitmaschinen«, sagt der Kommentator mit ernster Stimme, »weisen arbeitsähnliche Strukturen auf. Der Arbeiter und Spieler hat einen festen Standort an der Maschine; die Arme sind in einer bestimmten Weise angewinkelt; die Beine werden kaum bewegt; die Hände führen wiederkehrende Bewegungen aus.« Und der Sprecher zieht das Fazit: »Die Freizeitindustrie, die selbst im industriellen Fertigungsprozess hergestellt wird, vermag ihre Herkunft nicht zu leugnen.«

Ohne solche Vokabeln und Hypothesen, ohne die zugrunde liegende Diagnose einer »Industrialisierung der Freizeitsphäre«, wie es der Soziologe Bernd Jürgen Warneken formuliert, kommt in den siebziger Jahren kaum ein journalistischer oder wissenschaftlicher Beitrag über den Flipper aus. Der Spielautomat wird zum Emblem der Industriekultur, nicht nur deshalb, weil sich seine Handhabung mit der Arbeit in den Fabriken vergleichen lässt, sondern auch, weil das Gerät seinerseits ein Produkt serieller Herstellung ist. Konsequenterweise erinnern die Fotografien aus den Fertigungshallen von Bally,

Williams und Gottlieb zur Zeit der Hochkonjunktur an Aufnahmen aus Ford- oder VW-Werken – ein Meer von akkurat aufgereihten, identisch aussehenden Objekten, die auf ihre Verschiffung in die Länder der westlichen Welt warten. Im Jahr 1979 müssen in Chicago fast tausend Flipper pro Werktag die Fabrikhallen verlassen haben.

In den Vergnügungsformen kapitalistischer Gesellschaften, so die Grundannahme, spiegeln sich die Herrschaftsverhältnisse industrieller Arbeit, dem Verdikt Adornos folgend, dass »Freizeit an ihren Gegensatz gekettet« sei. Dieser Blickwinkel wird auch von einem demografischen Befund unterstützt, zu dem die Studien über die sich ausbreitenden Spielhallen gelangen. Laut Warneken stellen »Lohnabhängige sowie – in gewissem Abstand – Schüler und Studenten mit noch ungeklärtem Sozialstatus die weitaus meisten Spieler«, und er fügt hinzu, dass sich »bis heute kaum erwachsene Bourgeois unter den Automatenspielern befinden« – eine Erkenntnis, die ein Freiburger Germanistikstudent namens Friedrich Kittler in einer Aufzeichnung über den Flipperapparat Ende der sechziger Jahre bestätigt: »Das Stammpublikum der Flipper«, schreibt der spätere Begründer der deutschen Medientheorie, »setzt sich zusammen aus jungen Leuten, die die soziale Bewährung fliehen oder denen keine Chance einer Bewährung geboten wird, und älteren Männern, deren Physiognomie ihr Gescheitertsein bezeugt.«

Auch wenn das Gerät um 1970 seinen festen Platz in elaborierten Kunstwerken hat (in den Filmen von Godard, Wenders und Fassbinder, in den Romanen von Modiano und Muschg, in der Fotografie von Candida Höfer), auch wenn Friedrich Wolfram Heubach 1972 an die »Flipper-Euphorie in der antiautoritären Phase der Linken« erinnert, kommen die soziologischen Untersuchungen der Zeit übereinstimmend zu dem Ergebnis, dass der Flipper ein »Armeleutespiel« sei, ein Zerstreuungsautomat für die Unterdrückten und Entfremdeten. Nicht immer wird die Analogie von Industriemaschine und Spielautomat dabei so nahtlos hergestellt wie in der Fernsehreportage des ZDF. Warneken etwa bestreitet die kategorische Behauptung, dass das Flippern »die Arbeitserfahrung eines repetitiven Teilarbeiters einfach wiederhole«, und regt eher die Frage an, ob die Kompetenz an den blinkenden Kästen, der Gewinn von Extrabällen und Freispielen, nicht auch zum Abbau der tagsüber angestauten Aggressionen beitragen könnte, zur Souveränität der Industriearbeiter im Angesicht der Maschinen.

Paolo Virno hat diese emanzipatorische Deutung des Flipperns 1991 noch einmal aufgegriffen und verstärkt. In einer erstaunlichen Verknüpfung macht er den Niedergang der Apparate Anfang der achtziger Jahre zum Indiz eines Epochenbruchs und teilt »das kapitalistische Regime in Italien in zwei Abschnitte«. Die erste Phase reiche »vom Ende des Zweiten Weltkriegs bis zum Verschwinden der Flipper«, die zweite setze »genau an dem

Tag ein, als man die Maschinen zu entfernen begann«. Warum verbindet Virno das Schicksal dieses unscheinbaren Gegenstands mit einer Zäsur der politischen Ökonomie? Der Philosoph, bis zu seiner Inhaftierung 1979 ein Aktivist der kommunistischen Bewegung, erinnert sich »an die Zeit der politischen Interventionen vor den Türen der Fabrik«, deren Zugkraft mehr als einmal vom gemeinsamen Flippern zwischen den Arbeitern und den militanten Demonstranten befeuert worden sei. Er erwähnt eine Protestaktion vor den Fiat-Werken in Rivalta bei Turin, als die Aktivisten aus der Großstadt zunächst keine Tuchfühlung zu den Fabrikarbeitern aufnehmen konnten; nur einem von ihnen, der am Abend zuvor in einer Bar am Rande des Werks mit am Flipper gestanden hatte, gelang es, die Arbeiter für die gemeinsame Sache zu begeistern. Aus der Gruppe von Spielern war über Nacht eine »Kampfgemeinschaft« geworden, schreibt Virno; »es gibt«, so seine Schlussfolgerung, »eine vielleicht vage, aber sicher nicht willkürliche Allianz zwischen Flippern und Arbeiterwiderstand«. Die Ablösung der Kästen durch das Videospiel in den achtziger Jahren vergleicht Virno schließlich mit der Ablösung des Fließbandarbeiters durch die automatisierte Produktion.

Zur Blütezeit der Maschinen reichte das Spektrum politischer Flippertheorien also weit: von ihrer Dämonisierung als Verstärker der Entfremdung bis zu ihrer Feier als Maschinen des Widerstands. Aber auf diese Rivalität von kritischen und euphorischen Stimmen kommt es aus der Distanz eines knappen halben Jahrhunderts nicht an. Entscheidend ist heute vielmehr die Tatsache, dass das Nachdenken über den Flipper auf dem Höhepunkt seiner Popularität – unabhängig von Pro und Kontra – sofort mit dem Bereich der Industriearbeit in Verbindung gebracht wurde. Am Flipperautomaten bildeten sich gesellschaftliche Tendenzen ab, was sich besonders in der Deutung seiner merkwürdigsten Funktion zeigt, dem Tilt, dessen Urform Harry Williams bereits in den dreißiger Jahren entwickelte (mit Nägeln im Unterboden, um das Anheben und Kippen der Kästen zu verhindern). Unter den Flipperforschern entsteht ab den siebziger Jahren eine regelrechte Hermeneutik des Tilt, die immer auf die Handlungsmacht des Einzelnen abzielt, vor dem Apparat und vor der gesellschaftlichen Realität. Heubach zum Beispiel deutet das Flippern als Einübung in die Gewissheit, dass die »Verhältnisse objektiv und unaufhebbar sind«; jeder zu starke Korrekturversuch würde im Tilt enden. Das Gerät erscheint bei ihm als Allegorie einer resignativen Weltanschauung, in der alles individuelle Aufbegehren sinnlos ist, so wie auch Warneken die Desillusioniertheit der Spieler betont, zu deren Kerneigenschaften »eine gewisse Prädisposition zum Erbringen entschädigungsloser Leistung« gehöre. In den frühen siebziger Jahren, kurz nach dem Scheitern der Revolte von 1968, machen die ehemaligen Aktivisten den Flipper zur Metapher ihrer politischen Ernüchterung.

Auch Paolo Virno konzentriert sich am Ende seines kurzen Textes auf die Funktion des Tilt, allerdings aus ganz anderer Perspektive. Ihm geht es nicht um die resignative, sondern um die subversive Energie dieser Funktion. Er beschreibt die Kunst geübter Spieler, sich immer ganz nah an der Schwelle zum Tilt zu bewegen, den Apparat so stark zu manipulieren, wie es gerade noch erlaubt ist, und überträgt diese Fertigkeit auf den Gestaltungsspielraum in der Fabrik. Die Flippervirtuosen unter den Arbeitern, so Virno, wären dazu in der Lage, das Fließband bis zu einem bestimmten Grad ihren eigenen Gesetzen zu unterwerfen, den Lauf der Dinge wenn nötig zu sabotieren – aber immer nur bis kurz vor der Grenze der Panne, der Unterbrechung, der Abmahnung, so wie sie es am Spielautomaten gelernt haben. Der Flipper hat also für die unterschiedlichsten theoretischen Schulen Modellcharakter gehabt, und es ist konsequent, dass er auch heute in erster Linie als Sprachbild überlebt, als Metapher für eine unkontrollierte Situation. Dass eine chaotische Abwehrstafette im Fußball oder eine Person mit schlagartig wechselnden Ansichten als »Flipper« bezeichnet wird, kommt mittlerweile häufiger vor als die Entdeckung eines echten Geräts.

Wenn man die politische Auseinandersetzung mit dem Flipper in den siebziger Jahren (und Virnos rückblickend verfasstes Manifest) mit seinem weiteren Schicksal in Bezug setzt, wird eines sofort deutlich: Das Verschwinden des Automaten vollzieht sich parallel zum

Verschwinden einer bestimmten Form von Gesellschaftskritik. Das Flippern und die Rede von der »Entfremdung« kommen gleichzeitig an ihr Ende.

Doch wenn die Geräte lange Zeit das funkelnde Komplementärobjekt der Industriemaschine waren, Symbol einer Zeit, in der »Arbeit« und »Freizeit« mit denselben sozialkritischen Maßstäben gemessen wurden – wie verhalten sich diese beiden Sphären dann heute zueinander, in einer Welt, die immer weniger Fabriken und Zechen kennt und immer mehr Co-Working-Spaces, Start-up-Büros und Homeoffices? Zweifellos ist das Berufsleben inzwischen viel stärker mit Elementen des Spiels vermischt. In den seriösesten Konzernen steht ein Kickertisch; Kaffeepausen und Wartezeiten werden mit Computerspielen auf dem Smartphone ausgefüllt; und für das Heer der Selbstständigen ist der Bildschirm, der den Job und das Privatvergnügen organisiert, ohnehin derselbe. So konsequent sind die Bereiche von Arbeit und Nicht-Arbeit im vergangenen Vierteljahrhundert ineinandergeflossen, dass der Begriff »Freizeit« im Sprachgebrauch nahezu ausgestorben ist.

Dieses Verschmelzen hat aber seltsamerweise nicht zur Schärfung der fünfzig Jahre alten Diagnosen geführt. Die allgegenwärtigen Gaming-Elemente im Arbeitsleben von heute werden meist als belebend wahrgenommen. Zustände der »Entfremdung« sind im Reich der Work-Life-Balance und des Office-Yoga keine Gefahr mehr, auch wenn die Menge der Burn-out-Erkrankungen und angstgetriebenen LinkedIn-Biografien vielleicht eine andere Sprache spricht. Das Flippern nach Feierabend mag das Joch der Industriemaschine wiederholt haben, aber zumindest war es zeitlich und räumlich klar von der Fabrik geschieden. Die Spielformen der Gegenwart hingegen sind in einer Arbeitswelt aufgegangen, in der es kein Außen mehr gibt. Computerspiele kennen keinen Tilt.

10. Der Trost der Flipper

Unterwegs in fremden Städten, kehrt seit Jahren derselbe Tagtraum wieder. Ich laufe eine der Hauptstraßen entlang, und auf einmal, in einem unscheinbaren Gebäude, stoße ich auf eine Flipperhalle, die wie vergessen die Zeiten überlebt hat. Schon von außen ist die Reihe mit den eng beieinanderstehenden Kästen zu erkennen. Ich gehe durch die offene Glastür, und gleich am Eingang empfangen mich die Flipper meines Lebens, der Harlem Globetrotters, der Paragon, der Gorgar; ich bin in keiner »Spielhölle« gelandet, wie man diese Orte abschätzig genannt hat, sondern in einem Spielhimmel, in einer Art Fundbüro für mich allein, mit allen Maschinen, die mir jemals etwas bedeutet haben.

Der Raum ist unerwartet tief, und nach und nach erkenne ich im Halbdunkel die vertrauten Geräte, eines neben dem anderen: auf der linken Seite meine liebsten Bally-Flipper, der Dolly Parton, der Strikes and Spares, der Mata Hari, der Future Spa mit den vier Seitenbahnen unten links; gegenüber die wichtigsten Williams- und Gottlieb-Apparate, der Firepower, der Flash, der Time Warp und seine krummen Schläger, die die kurze psychedelische Phase des Flipperdesigns verkörperten, der

Charlie's Angels und der klobige Panthera. Ganz hinten in der Ecke sogar drei Zaccaria-Modelle, der Pinball Champ '82, der Soccer Kings und der Farfalla mit den kurzen vertikalen Zusatzschlägern an der Seite.

An einem Wechselautomaten tausche ich meine Euroscheine in Markstücke (das letzte Williams-Gerät wurde zweieinhalb Jahre vor der Währungsumstellung ausgeliefert). Ich beginne am Harlem Globetrotters zu flippern, zwei Spiele für eine Mark, und wie bei einer tausendmal benutzten Radstrecke der Kindheit, bei der man auch nach vielen Jahren noch weiß, wo man die Straßen überqueren muss, wo sich die Toreinfahrten befinden, an denen der Gehsteig abgesenkt ist, kehrt auch das Gefühl für die Maschine sofort zurück. Ich stoppe den Ball mit dem linken Schläger, treffe das erste Target rechts oben im Kanal, sorge mit einem leichten Stoß des Handballens dafür, dass die Kugel fernab der gefährlichen Seitenausbahnen bleibt; nicht einmal die Lücke zwischen den beiden linken Schlägern kann mich in Verlegenheit bringen. Ein Freispiel gibt es bei 280 000 Punkten. Das könnte zu schaffen sein.

In diesem Tagtraum erscheint aus dem Nichts, was der Ich-Erzähler in Haruki Murakamis Roman *Pinball 1973* durch hartnäckige Recherche ermitteln muss: Er findet nach etlichen Telefonaten und konspirativen Treffen heraus, wo sein ausrangierter Lieblingsflipper gelandet ist, und spürt die Kollektion eines Privatsammlers schließlich auf einer Geflügelfarm am Rande Tokios auf, in einer Halle, die »wie ein riesiges Kühlhaus« wirkt. Der Flipper in Murakamis Roman heißt Spaceship und soll 1968 von einer Firma namens Gilbert & Sands aus Chicago auf den Markt gebracht worden sein – ein erfundenes Gerät von einem erfundenen Hersteller, wie jedem Flipperspieler sofort auffällt. (Der *International Pinball Database* kann man entnehmen, dass es allenfalls ein Williams-Gerät namens Space Ship gab, bereits 1961 produziert und mit ganz anderem Spielaufbau als von Murakami beschrieben.) Im Zentrum eines Romans, der seitenlang die tatsächliche Geschichte des Flippers referiert, der Bally, Gottlieb und Williams erwähnt und die Motivscheiben legendärer Modelle, steht also ein Element der Fiktion. Warum hat sich Murakami zu diesem Schritt entschlossen? Von heute aus wirkt er wie eine überflüssige Verdoppelung. Sind die Flipper nicht selbst schon Imaginationen der Welt, licht- und klanggewordene Fantasien eines bestimmten Zeitalters (wie etwa die Weltraum-Utopien und Raumschiffe der sechziger Jahre)? Mir kommt es so vor, als seien die Maschinen immun gegen den Versuch ihrer Fiktionalisierung, als müsse es für Schriftsteller und Regisseure eine Ethik des Dokumentarischen geben, wenn sie die Apparate in ihre Geschichten einbeziehen.

Die Unzulänglichkeit erfundener Flipper zeigt sich vor allem auch in Spielfilmen. In *Pinball Summer* von 1980 etwa, der hauptsächlich in der *amusement arcade* einer Provinzstadt spielt, kommt es am Ende zu einem Flipperwettbewerb zwischen dem jugendlichen Helden und dem Bösewicht. Das Gerät auf dem Podium heißt wie der Film, mit einer Motivscheibe, auf der man den bemalten Kleinbus der Hauptfigur wiederentdeckt, und einer in Gelb gehaltenen, mit Comic-Charakteren bedeckten Spielfläche. Es gab nie einen Flipper namens Pinball Summer, es gab kein gelbes Comic-Spielfeld; an der Anordnung der Targets lässt sich vielmehr erkennen, dass es sich in Wahrheit um den 1978 hergestellten Power Play von Bally handelt, dessen Motivscheibe und Spielfeld überklebt worden sind. Diese Erfindung droht den Geist der *arcade*, den der Film beschwören möchte, zu vertreiben. Im Hintergrund sind ständig echte Automaten zu sehen, Zeugen der kurzen, glorreichen Epoche der Flipperhalle, doch an prominenter Stelle wechseln die Bilder ins Fach der Simulation. Der Effekt ist ernüchternd, so wie in Fußballfilmen, wenn die Statisten mit tatsächlichen Vereinsspielern besetzt sind und als Hauptdarsteller ein bekannter Schauspieler ausgewählt wurde, der sich schon auf den ersten Blick als Laie am Ball erweist.

Häufiger noch als Scheiben und Spielfelder wurden im Kino die Geräusche von Flippern bearbeitet. In Godards *Zwei oder drei Dinge, die ich von ihr weiß* von 1967 ist das Klackern zweier elektromechanischer Apparate in einem Pariser Bistro zehn Minuten lang als konstanter Begleitton zu hören, auch wenn nur zu Beginn der Szene überhaupt jemand an den Geräten steht (und die Kamera das Lokal gegen Ende hin sogar verlässt). Die Flipperlaute, abgelöst vom konkreten Spiel, bilden in diesem Film also das Hintergrundrauschen des großstädtischen Lebens schlechthin. Als zehn Jahre später die elektronischen Maschinen aufkamen, waren die alten Glocken- und Schlägertöne noch so tief mit der Gestalt der Apparate verbunden, dass viele Kinofilme zwar die neuen Modelle mit dem roten Computerdisplay zeigten, aber weiterhin die bekannte Akustik der Schwarz-Weiß-Anzeigen darunterlegten, als wäre das für alle Zeiten der maßgebliche Sound der Flipper.

In mir löste diese Manipulation immer ein Gefühl von Zorn aus. Die natürliche Verbindung aus Bild und Ton war aufgetrennt, ein Riss ging durch das Gezeigte, und ich begann der Geschichte sofort zu misstrauen, so wie bei Filmen, in denen ein kunstvoller Schnitt dafür sorgt, dass die Figuren unmögliche Routen durch die Stadt zurücklegen, von einem Ende des Zentrums zum anderen durch das Überqueren einer einzigen Kreuzung. Erleichterung dagegen stellte sich immer dann ein, wenn der Flipper in einer Szene jene Geräusche von sich gab, die wirklich zu ihm gehörten. Auch in dieser Hinsicht erscheinen die frühen *Tatort*-Krimis mit Kommissar Schimanski als verlässliche Instanz. All die Geräte in den Duisburger Imbissbuden und Hafenkneipen produzieren ihre bekannten Töne, der Firepower in »Das Mädchen auf der Treppe« sein futuristisches Zischen, der Pinball Champ '82 in »Zweierlei Blut« seine schrillen Klangkaskaden.

Filme wie *Pinball Summer* oder die ein Jahr älteren *Tilt* und *Van Nuys Blvd.*, die die *amusement arcade* feiern, als flirrenden Mittelpunkt der Stadt, haben meine Sehnsucht, noch einmal im Leben eine solche Flipperhalle zu betreten, bei jedem Wiedersehen verstärkt. Mir war das Aussichtslose dieser Fantasie bewusst; ich tröstete mich höchstens mit dem Vorhaben, irgendwann die *Pinball Hall of Fame* in Las Vegas mit ihren hunderten Maschinen zu besuchen (wo die Flipper allerdings längst im Status des Musealen erstarrt sind, zugänglich für einen festen Eintrittspreis, ohne Münzeinwurf und Freispiel-Chance). Dann aber wurde mein Wunschtraum eines Samstagnachmittags im Herbst plötzlich Wirklichkeit.

In einer schmucklosen Kleinstadt in Ostwestfalen – war es Lemgo? war es Bünde? –, auf einer Durchgangsstraße zwischen dem Bahnhof und der Peripherie, an der sich Tankstellen, Gebrauchtwagenhändler und Industriebauten aneinanderreihten, sah ich von Weitem einen Pulk von achtzig oder hundert Menschen. Sie standen vor einer Lagerhalle beisammen, mit Bierflaschen in der Hand, ungewöhnlich viele von ihnen rauchten; es sah aus, als wären sie Teilnehmer einer Veranstaltung und würden gerade eine Pause machen. Beim Näherkommen erkannte ich, dass es fast ausnahmslos Männer waren. Trotz der niedrigen Temperaturen trugen viele von ihnen kurze Cargohosen. Es waren modische Vorlieben zu sehen, die ich für ausgestorben gehalten hatte, so etwa eine eng anliegende, schwarz-weiß gestreifte Jeans, dunkelblaue Stiefeletten aus Wildleder und mehr als einmal die Kombination von Herrensandalen und Wollsocken. Auch T-Shirts mit den verschlungenen, kaum zu entziffernden Logos von Heavy-Metal-Bands waren verbreitet. Die Besucher hatten sich in kleine Gruppen aufgeteilt und schienen in Fachsimpeleien vertieft; sie wirkten entspannt, mit sich im Reinen. Alles in allem erinnerte die Menschenansammlung an das in die Jahre gekommene Publikum eines Hardrock-Konzerts; viele der hier Anwesenden hatten ein paar Monate zuvor vermutlich einen der letzten AC/DC-Auftritte in Deutschland besucht, auf jener Welttournee, die Sänger Brian Johnson, seit 35 Jahren der Nachfolger von Bon Scott, aus gesundheitlichen Gründen abbrechen musste.

Kurz bevor ich die Lagerhalle erreichte, setzte sich der Pulk langsam in Bewegung. Wie auf ein geheimes Zeichen hin gingen alle in Richtung des fensterlosen Gebäudes, und eine merkwürdige Neugier trieb mich an, ihnen hinterherzulaufen. Niemand hielt mich auf oder nahm überhaupt Notiz von mir. Gemeinsam mit den anderen trat ich ein – und traute meinen Augen nicht: Die Halle war randvoll mit Flippern, alten und neuen, bekannten und unbekannten; weit mehr als die 78 Maschinen, die Murakamis Romanheld in dem Kühlhaus am Rande Tokios entdeckt. Ich sah ein paar meiner Bally-Lieblinge, dann aber auch viele Geräte, die mir völlig fremd waren, höher, größer, mit richtigen Spielfilmszenen, die über das Display liefen, und zwischen denen die bemalten Kästen des Eight Ball oder des Harlem Globetrotters beinahe zierlich wirkten. Wie betäubt stand ich vor den blinkenden Reihen, und als ich einen Mann den Münzbehälter des Addams Family aufsperren sah, dessen riesiger Bund mit Flipperschlüsseln in der Hand ihn als eine Art Spielleiter oder Organisator auswies, fragte ich ihn, was es mit diesem Ort genau auf sich habe. Ich verstand im Lärm der Maschinen nur einzelne Stichwörter; er sprach von »einem der wichtigsten Turniere in Deutschland«, von »ungewöhnlich vielen Weltranglistenpunkten«, die zu erlangen seien, und von den »besten deutschen und europäischen Spielern«, die sich hier wie jedes Jahr wieder versammelt hätten.

Das Flippern hatte offenbar in Gestalt solcher Wettbewerbe überlebt; keine Spur dieses verborgenen Universums war mir bis zu diesem Tag begegnet. Ich erfuhr von dem Organisator noch, dass es in Deutschland mindestens ein Dutzend solcher Hallen gab, in denen Sammler wie er regelmäßig Turniere durchführten, doch dann wurde bereits die nächste Runde ausgerufen, und die Spieler verteilten sich an die ihnen zugewiesenen Apparate. Es ging immer eins gegen eins, die Paarungen waren auf einer großen Leinwand am Eingang verzeichnet, und ich lief zwischen den Flippern umher, um den Spielern zuzusehen.

Manche Partien, an den alten Geräten, endeten überraschend schnell (ich malte mir insgeheim aus, dass ich hätte konkurrieren können), und nach einiger Zeit wurde nur noch an einer einzigen Maschine gespielt, um die sich die Zuschauer scharten. Hier, am Tommy von Data East, einem perfiden Flipper, an dem ich regelmäßig verzweifelt bin, stand offenbar einer der Favoriten vor seiner dritten Kugel. »Amtierender Deutscher Meister«, hörte ich jemanden hinter mir seinem Begleiter zuraunen. Und tatsächlich, man erkannte bereits an der Art, wie er sich der Maschine näherte, dass ein spektakuläres Ereignis in der Luft lag. Gewiss, alle Teilnehmer hier spielten überdurchschnittlich gut und hätten in jeder Bar oder Billardhalle mit ihren Punktzahlen für Aufsehen gesorgt. Aber ihr Flipperstil stach nicht auf den ersten Blick hervor, unterschied sich nicht groß von den üblichen Bewegungen und Körperhaltungen. Dieser Spieler jedoch strahlte bereits durch seine besondere Ruhe und Bedächtigkeit etwas Ungewöhnliches aus.

Er war eher klein und ein wenig untersetzt, trug eine Hornbrille mit schmalen, rechteckigen Gläsern, die ihm fast einen intellektuellen Anstrich verlieh, und bereitete sich auf den entscheidenden Ball (sein Gegner hatte eine enorme Punktzahl geholt) mit jenen Ritualen vor, die ich in der Halle schon bei anderen Spielern beobachtet hatte. Mit seinem T-Shirt wischte er kurz über den vorderen Teil der Scheibe, vermutlich um leichte Trübungen im Sichtfeld zu beseitigen, drückte dann zur Probe vier-, fünfmal mit voller Kraft beide Flipperknöpfe und legte seine rechte Hand an den Kugelabzug. Noch wartete er, zögerte das Emporschießen des Balles hinaus, und einer der Zuschauer klärte die Umstehenden auf, dass er »das Tilt-Pendel ausschwingen ließ«, weil sein

Gegner den Apparat zu stark gerüttelt hatte (ein Begriff, der mir trotz jahrzehntelanger Flippererfahrung neu war). Der Deutsche Meister warf noch, Zeugnis seiner Nervenstärke, einen ironischen Kommentar über die Aussichtslosigkeit seiner Aufholjagd in die Runde. Dann begann er.

Ich hätte es bis dahin nicht für möglich gehalten, dass man einen Flipper auf diese Weise beherrschen kann. Der Mann mit der Hornbrille stand auffällig weit von der Maschine entfernt, ein Bein vor dem anderen, mit einem, wie die Fußballreporter sagen würden, »ungewöhnlich tiefen Körperschwerpunkt«. Er erinnerte an Lionel Messi, wenn er in der Hälfte des Gegners scheinbar träge auf einen Pass wartet und dann mit dem Ball am Fuß in einer einzigen fließenden Bewegung die gesamte Abwehr umkurvt. Mit ähnlich lauernder Gelassenheit verfolgte der Spieler den Lauf der Kugel im oberen Feld. Kein verbissenes Stoßen, keine Nervosität, kein Ausschlagen der Beine, wie es bei so vielen ehrgeizigen Amateuren zu sehen ist; stattdessen Geduld und Konzentration, allenfalls minimale, kaum wahrnehmbare Korrekturen, aus der Hüfte heraus, die den Lauf der Kugel genau nach seinen Vorstellungen steuerten.

Und als der Silberball dann auf einem der Schläger zu ruhen kam, begann ein Schauspiel der Präzision: Er traf Rampe auf Rampe, Target auf Target, Auffangloch auf Auffangloch; minutenlang behielt er die absolute Kontrolle über die Kugel, ließ sie von einem Flipperarm auf den anderen tropfen, wenn sie scharf von der oberen Spielfeldhälfte herunterschoss, oder stoppte sie mit einer Eleganz, als gebiete er über Magneten im Innern der Schläger. Nicht einmal als der Multiball-Modus begann, gab er seine kontrollierte Spielweise auf, sondern parkte bis zu drei Bälle gleichzeitig auf dem linken Schläger, während er den vierten mit dem rechten an die beleuchteten Ziele brachte. Zwanzig Minuten vergingen, dreißig, die Kugeln blieben immerfort im Spiel, und irgendwann signalisierte ihm der begeisterte Applaus der Zuschauer, dass er die kaum zu erreichende Punktzahl des Gegners bereits übertroffen hatte. Der Deutsche Meister lächelte kurz, ließ die Knöpfe los (der Apparat schien fast von alleine weiterzuspielen, so unmöglich schien inzwischen die Option, dass die Kugeln überhaupt ins Aus gehen) und empfing die Glückwünsche seines Kontrahenten. Er hatte die Finalrunde erreicht.

Das war vielleicht das Erkennungsmerkmal der größten Spieler hier: dass sie nicht nur höhere Punktzahlen ergatterten als der Rest, sondern dass ihre Spielweise unverwechselbar war. Im Finale der letzten acht trafen etwa ein Schwede und ein Österreicher aufeinander, die die beiden Pole des Turnierflipperns, zwischen Kneipenspiel und Leistungssport, zu verkörpern schienen. Der etwas jüngere, drahtige Skandinavier war mir schon zu Beginn aufgefallen, weil er sich in der Pause nicht an den Unterhaltungen beteiligt hatte, sondern auf einem Stuhl vor der Halle saß, mit einem großen Kopfhörer über der Baseballkappe; man hatte den Eindruck, er würde einstudierte Spielzüge durchgehen. Er trank auch die ganze Zeit über Wasser aus einer Plastikflasche, die in der Seitentasche seiner Cargohose steckte. Sein Gegner wiederum wog ungefähr 150 Kilo und holte sich jede halbe Stunde ein neues Bier am Imbissstand; in der Runde zuvor hatte ich ihn kurz am Metallica spielen sehen, dessen Knöpfe er bearbeitete wie Lars Ulrich seine Double Bass. Als er im nass geschwitzten T-Shirt den Super Jackpot holte und ein früher Hit der Band erklang, »Seek & Destroy«, sang er mitten im Spiel Zeile für Zeile lauthals mit, mit starkem österreichischem Akzent. (Später verbreitete sich das Gerücht, dass er bei einem Turnier einmal einen Flipper mit einem derart brachialen Schlag gegen das linke vordere Stahlbein getiltet hatte, dass es einknickte und die Maschine in sich zusammenfiel.)

Askese gegen Hedonismus, Strategie gegen Leidenschaft: Dieses Duell gewann letztlich der Schwede, der die Bälle wie mit dem Faden gezogen spielte und seinen Gegner, der nicht mehr bei vollen Kräften war und sich nach jeder Kugel erschöpft auf einen Stuhl fallen ließ, an die Grenzen der Belastbarkeit brachte. Doch die Schlussphase dieses Matches sah ich nicht mehr, weil mich ein anderer Teilnehmer ein paar Meter weiter in seinen Bann zog. Umgeben von Freunden oder Betreuern, die eine Art Spalier bildeten, trat er plötzlich hervor, ein südländisch aussehender Spieler, auffallend hager, vielleicht Anfang dreißig; dass auch er zu den Favoriten zählte, war sofort erkennbar, an den ehrfürchtigen Blicken und den stummen, auf ein Kopfnicken beschränkten Grüßen, die ihm von den anderen entgegengebracht wurden. Er musste an einem alten Stern-Flipper namens Dracula spielen, und das passte, denn er sah selbst aus wie einer, der das Tageslicht konsequent mied. Ein blasses Gesicht, strähnige schwarze Haare; die Ohrstöpsel, die von seinem Smartphone mit Musik versorgt wurden, nahm er auch beim Spielen nicht heraus (eine Eigenheit vieler Könner hier, die mich verwunderte, weil ich immer gedacht hatte, dass die Flippergeräusche wichtig für die Konzentration seien). Seine Erscheinung war so ungewöhnlich, dass ich mich von dem Österreicher, der mit zunehmender Verzweiflung den Attack from Mars malträtierte, abwandte und mich zusammen mit vielen anderen Zuschauern vor den Dracula-Flipper stellte.

Ich hatte die richtige Wahl getroffen. Denn als der in sich gekehrte Mann – der einen italienischen Namen trug, wie ich auf der Leinwand mit den Paarungen sah – die erste Kugel abzog, geschah etwas Außerordentliches. Ich hatte vom ersten Moment an den Eindruck, dass er auf dem Gerät nicht spielte, sondern es hypnotisierte. Seine Fingerkuppen waren nur ganz sanft mit den Knöpfen verbunden. Er schien sie eher zu streicheln als zu drücken, und der Flipper, dessen widerspenstige Schlagtürme und Banden den Gegner ein paar Sekunden zuvor noch zur Raserei getrieben hatten, wurde plötzlich ganz ruhig, als würde er von einer mysteriösen

Kraft besänftigt. Wenn die Maschine ungeübte Spieler wie eine Raubkatze anfallen konnte, war der blasse Italiener ihr virtuoser Dompteur. Unter seinen Händen – nein, durch seine bloße Präsenz (denn die Knöpfe berührte er kaum, und gerüttelt hätte er das Gerät unter keinen Umständen) – wurde ihr Atem gleichmäßiger, ihre angespannten Nerven gelöster. Und die Zuschauer merkten, dass Mensch und Flipper hier wirklich verschmolzen, wobei die Bereitschaft dazu eher von der Maschine zu kommen schien, die spürte, dass sie jemand verstand, dass jemand gut zu ihr war.

Niemals wäre diesem Meister ein Fluch unterlaufen, niemals ein Stoß oder ein Tritt gegen den Flipper. Beinahe regungslos stand er am Apparat; man sah, wie er beim Spielen in sich hineinlächelte, wie er der Maschine vielleicht hin und wieder ein Wort zuflüsterte, und irgendwann wippte sein schmaler Oberkörper leicht im Takt, man wusste nicht, ob zur Melodie der stummen Musik im Ohr oder im Rhythmus seiner Flipperschläge. Als er die sechsstellige Punkteanzeige des Dracula schon mit dem ersten Ball überdrehte, war das für ihn keine beachtenswerte Schwelle, und als die Kugel dann auf dem Weg zur zweiten Million tatsächlich ins Aus ging, wirkte das nicht wie ein Missgeschick, sondern eher wie ein Zugeständnis an den chancenlosen Gegner, der nicht ewig auf die Besiegelung seiner Niederlage warten sollte.

Ob der blasse Virtuose das Turnier gewann, weiß ich nicht. Ich musste an diesem Abend den letzten Zug erreichen, und auf dem Weg zum Bahnhof, durch die dunkle, menschenleere Kleinstadt, wirkten die Bilder aus der Halle lange nach. Ich war beseelt von der Wiederentdeckung der Maschinen, von der Begegnung mit den verehrungswürdigen Spielern, doch in dieses Glück mischte sich ein immer stärker werdendes Gefühl der Distanz und sogar Befremdung. Hier waren sie versammelt, die alten Schätze, von sorgsamer Hand restauriert, fast wie neu – aber der Umgebung fehlte alles Öffentliche und Gegenwärtige. Hatte die Liebe zum Flippern nicht immer mit der beiläufigen Verfügbarkeit der Geräte zu tun gehabt? Sie standen einfach da, in den Bars und Gaststätten, den Schwimmbädern und Bowlingbahnen, den Kinofoyers und Spielhallen; und wenn man die Suche nicht so systematisch anging wie Stefan und ich auf unseren Freitagsstreifzügen, war ihr Auffinden von Flüchtigkeit und Zufall geprägt.

Das Private erschien mir von jeher als das feindliche Milieu des Flippers. Natürlich hörte ich schon früh von Menschen, die ein Gerät zu Hause hatten (der wohlhabende Vater eines Mitspielers im Fußballverein; ein unkonventioneller Onkel, der in einer Fabriketage lebte), aber diese Umgebung nahm der Maschine sofort ihren Reiz. Flippern hieß: mit so wenig Geld wie möglich so lange zu spielen wie möglich, den unabänderlichen Bedingungen des Apparats – wie der Spannkraft der Schläger oder der Höhe des Freispiels – ein Maximum an Erfolg abzutrotzen. Im privaten Besitz waren all diese Gegebenheiten plötzlich verhandelbar. Mit dem Öffnen des Münzkastens, mit ein paar Manipulationen im Innern der Maschine ließ sich das Guthaben auf der Anzeige oder die für ein Freispiel erforderliche Punktzahl sofort korrigieren; der Flipper verwandelte sich von jenem autarken, würdevollen, häufig widerspenstigen, nur einzelnen Spielern wohlgesinnten Wesen in den Bars und Spielhallen in ein passives Objekt, über das man nach Belieben verfügen konnte.

Damals, im Nebenraum der Gaststätte am Schlachthof, wirkte die Arbeit des graubekittelten Monteurs am Harlem Globetrotters wie eine Geheimwissenschaft auf uns. Stefan und ich hätten uns niemals vorstellen können, dass die Handgriffe dieses Fachmanns – das behutsame Abnehmen der Glasscheibe, das Auswechseln der kaputten Lämpchen, das Justieren der Sprungfedern – von einfachen Flipperspielern wie uns erlernbar gewesen wären. Auch schien uns der Gedanke fremd, dass Laien überhaupt einen Antrieb zu diesen Tätigkeiten verspüren könnten. Wie das Branchenblatt *Automaten Markt* im Juni 1977, nach der Einführung der elektronischen Geräte, unmissverständlich schrieb: »Das Innenleben des Flippers interessiert den Spieler wenig.«

Bei dem Turnier in der Lagerhalle hatte sich das vollkommen geändert. Wenn bei einer Partie eine Kugel hängen blieb oder ein Mechanismus versagte, waren sofort mehrere Helfer zur Stelle, die in Windeseile die Scheibe entfernten und das Missgeschick behoben. Sie kannten die Apparate auch deshalb so gut, weil ihre eigenen Hobbykeller ebenfalls voller Flipper standen; jeder der hier Anwesenden war gleichzeitig Spieler, Sammler und Monteur. Und diese Allianz brachte eine Beziehung zu den Geräten hervor, die meiner eigenen genau widersprach. Meine Leidenschaft für die Maschinen war immer mit der Undurchdringbarkeit ihres technischen Aufbaus verbunden gewesen. Der Flipper erschien mir als geschlossenes System, als leuchtendes Ereignis; es war geradezu eine Bedingung seiner Anziehungskraft, dass die zugrunde liegenden Funktionsweisen im Dunkeln blieben. Wenn in Gegenwart eines Monteurs das Innenleben einmal sichtbar wurde, hatte der Blick auf die Drahtknäuel, auf die verstaubten Spulen und Relais sogar etwas Ernüchterndes, beinahe Trauriges, so als wäre man versehentlich in den Maschinenraum eines glitzernden Karussells geraten.

Flipper waren immer als öffentliche Gegenstände gedacht, und dieser Status sorgte auch dafür, dass die robusten Kästen in den Bars und Spielhallen ohne große Rücksicht behandelt wurden. Die Fotografien von James Hamilton in dem Buch *Pinball!* haben den in dauerhaftem Gebrauch stehenden, gebeutelten Maschinen ein Denkmal gesetzt. Aber auch in der Literatur dieser Jahre finden sich viele solcher Spielszenen. Am Anfang von Rainald Goetz' Roman *Irre* etwa, 1983 erschienen, stellt jemand »das Bier auf den Flipper, zieht an der Zigarette, nimmt sie aus dem Mund, legt sie aufs Glas«. Der Automat war gleichzeitig Getränkeuntersetzer und Aschenbecher: Man musste ihn nicht mit Samthandschuhen anfassen, weil jedem klar war, dass er im Falle eines Defekts repariert und nach ein paar Wochen ohnehin von einem neueren Modell ersetzt werden würde. Bei dem Wettbewerb in der Halle dagegen trugen manche Helfer tatsächlich dünne Stoffhandschuhe, wenn sie die Glasscheibe vom Flipper zogen, und erinnerten dadurch ein wenig an Lageristen in Museen, die beim Abbau einer Ausstellung mit größter Vorsicht die Kunstwerke aus den Rahmen lösen. Die Maschinen der Turnierspieler hatten sich, obwohl sie während der Partien weiterhin mit größtem Einsatz traktiert wurden, in kostbare Sammlerstücke verwandelt. Undenkbar waren hier die alten Umgangsformen. Einmal, als einer der Teilnehmer seinen Cola-Becher auf die Scheibe eines Silverball Mania stellte, schoss der Turnierleiter auf ihn zu und forderte ihn in scharfem Tonfall auf, den Becher sofort herunterzunehmen.

Den Flippern heute ist das gleiche Schicksal beschieden wie Schallplatten oder Nachtzügen. Es gibt sie zwar weiterhin, aber nicht als selbstverständlichen, fahrplangemäßen Teil des öffentlichen Lebens, sondern als Elemente einer Nostalgiebewegung, genutzt nicht von jedermann, sondern von *Liebhabern*. Die Vertreter dieses Liebhabertums bilden eine Gemeinschaft, deren Kommunikation durch Onlineforen, Mailinglisten und *Pinball Maps* immer dichter wird – ein Wunsch nach sozialer Vernetzung, der dem typischen Charakter der Flipperspieler von früher, den Einzelgängern und Eigenbrötlern, genau entgegengesetzt ist. Solange die Geräte allgegenwärtig waren, musste man keine Daten von sich preisgeben, um fündig zu werden. Es genügte, eine Münze in den nächstbesten Apparat zu werfen. Die Anonymität des Flipperns (in einer belebten Spielhalle, in der Eckkneipe einer fremden Stadt) war immer gewährleistet, und vielleicht hatte die Vorliebe der Gauner und Herumtreiber für diese Maschinen, wie sie seit Truffaut regelmäßig im Kino gezeigt wurde, auch damit zu tun. Flippern hinterließ keine Spuren. Heute muss man sich auf den Vereinswebsites mit Mailadresse und PayPal-Überweisung anmelden, um spielen zu können; persönliche Daten haben das namenlose Geldstück als Zugang zu den Apparaten abgelöst. Wie weit die goldene Ära der Flipper inzwischen entfernt ist, wird beim Gang durch eine Turnierhalle besonders deutlich, wenn der Blick auf die Münzkästen der älteren Geräte fällt. »2 Spiele 1 Mark« ist dort zu lesen, »4 Spellen 1 Gulden«, »5 Francs 5 Plays«: ausrangierte Geldstücke überkommener Währungen; die Spiele können seit zwanzig Jahren nur noch mit den Schlüsseln der Besitzer heraufgeladen werden.

Mittlerweile geht es aber nicht nur der Gemeinschaft der Sammler um Datenaustausch und Identifikation, sondern sogar den Maschinen selbst. Nach einem Punkterekord kann man auf den jüngsten Flippern seinen kompletten Namen eingeben. Das Markenzeichen des Dialed In! von Jersey Jack Pinball, eines 2017 hergestellten, auf Turnieren beliebten Geräts, ist eine verborgene Kamera, die nach dem Auslösen eines bestimmten Modus grobkörnige Porträtbilder des Spielers schießt, die auf dem Display wie Fahndungsfotos aussehen. Und die Firma Stern hat im Jahr 2021 eine Technologie eingeführt, die es Spielern erlaubt, sich über ihren Fingerabdruck für Online-Ranglisten registrieren zu lassen, auf denen Punkterekorde aus aller Welt eingetragen werden können. Das Flippern ist heute eine von polizeilichen Ermittlungsformen begleitete Tätigkeit.

Besteht die Chance, dass die Apparate noch einmal in die Öffentlichkeit zurückkehren? Wenn man an die großen Darts-Meisterschaften im Sportfernsehen denkt, die ein Kneipenspiel innerhalb weniger Jahre in eine millionenschwere Branche und dubiose Pfeilewerfer in Weltstars verwandelt haben, wäre zumindest die Möglichkeit denkbar, dass auch Flipperturniere in Zukunft ein größeres Publikum finden als nur die Gemeinschaft der aktiven Spieler. Dass die Wettkämpfe auf einem Bildschirm darstellbar sind, zeigen die verschiedenen YouTube- und Twitch-Kanäle, die live von den größeren Turnieren berichten, mit geteiltem Bild, auf dem in Nahaufnahme das Spielfeld und an den Rändern der Punktestand und das an einem Pult sitzende Kommentatoren-Team zu sehen sind. Vielleicht findet sich ein gewandter Fernsehproduzent unter den Spielern, der seinen Sender dafür zu begeistern weiß, eine Flipper-WM zu übertragen, und wenn es das Schicksal gut meint, könnte der blasse Italiener oder der Deutsche Meister mit der Hornbrille zu einem umjubelten Phil Taylor der Silberkugel aufsteigen.

Aber das wird nicht geschehen. Der Flipper hat seine Zeit hinter sich, er ist ein Relikt aus der zweiten Hälfte des 20. Jahrhunderts. In der Erinnerung jedoch kommt ihm eine besondere Aufgabe zu. Denn es gibt für mich keinen anderen Gegenstand, der die verstrichenen Jahre mit ähnlicher Intensität wiederbeleben würde. Entlang der Flipper ordnet sich die eigene Biografie, und das umso zuverlässiger, weil die Maschinen immer beides sind, eine flüchtige Vorstellung in meinem Gedächtnis und ein serielles Produkt. Es ist möglich, die eigenen Erinnerungsbilder mit den objektiven Fakten und Zahlen abzugleichen. Wenn in den Gaststätten zwischen Großmarkthalle und Tierpark im Jahr 1981 plötzlich ein anderer Flipper in der Ecke stand, nahmen wir dieses Ereignis wie eine göttliche Fügung hin; das neue Bally- oder Williams-Gerät schien im Münchner Süden einfach vom Himmel gefallen zu sein. Heute kann ich in den Enzyklopädien und Datenbanken genau nachvollziehen, in welcher Abfolge die Modelle hergestellt wurden, und es kommt mir wie eine schöne Harmonie zwischen meinen subjektiven Eindrücken und der Realität der Produktionspläne vor, dass ich mich vierzig Jahre später genau an jene Apparate besonders deutlich erinnern kann, die man in der Stadt Chicago, über siebentausend Kilometer entfernt, in ungewöhnlich hoher Stückzahl ausgeliefert hatte. Die Flipper, ihre leuchtenden Scheiben und einprägsamen Namen, sind das Band, das die Bruchstücke meines Lebens zusammenhält.

Inhalt

1. Same Player Shoots Again **5**
2. Monaco **17**
3. Harlem Globetrotters **25**
4. Pinball Champ ’82 **37**
5. Paragon **51**
6. Earthshaker **61**
7. Taxi **67**
8. Star Trek: The Next Generation **75**
9. Game Over **85**
10. Der Trost der Flipper **99**